Károly Mária Kertbeny

Genf und James Fazy

Aufklärungen u. Enthüllungen zu Fragmenten

Károly Mária Kertbeny

Genf und James Fazy
Aufklärungen u. Enthüllungen zu Fragmenten

ISBN/EAN: 9783744656474

Hergestellt in Europa, USA, Kanada, Australien, Japan

Cover: Foto ©Thomas Meinert / pixelio.de

Weitere Bücher finden Sie auf **www.hansebooks.com**

Genf und James Fazy.

Aufklärungen und Enthüllungen.

In Fragmenten

aus der Feder eines mehrjährigen fremden Beobachters.

Du haft ja, was
Ein Demagog nur immer braucht: die schönste
Brüllstimme, giltst als Lump von Haus aus, Schwelger,
Schreist stets Verrath, und bist allein Verräther —
Kurzum — ein ganzer Staatsmann!
Aristofan „Die Ritter",
Und dann nimmt „Er" Genf
Noch dazu als Senf!
Klabbarabatsch „Sein Diner."

Leipzig,
Verlag von A. H. Payne.
1864.

Vorwort.

Genf, einer der Hauptsitze helvetischer Intelligenz, diese, vielen tausend Gästen ans Herz gewachsene, unvergeßliche Stadt, hat sich plötzlich in jüngster Zeit entschleiert und zeigt der entsetzten Welt ihre blutenden Wunden. Es ist, als wenn Genf das dreihundertjährige Jubiläum seines größten Bürgers, Kalvin, hätte durch ein Fest der Anarchie und des Blutvergießens begehen sollen!

Tief müssen die Schäden sein, um Vorgänge, wie die Genfer, heraufzurufen. Im wilden Parteigetriebe läßt sich noch kaum etwas mit Sicherheit erkennen, erst der schwebende Prozeß kann hier völlige Klarheit bewirken.

Bereits aber fängt die Presse an, ihre Stimme zu erheben, um der Arbeit der Richter und dem Urtheile der Schweiz und Europa's zu Hülfe zu kommen. Die erste, von einem Eingeweihten herrührende, bedeutsame Schrift über die Genfer Blutscenen, wird hiermit dargeboten und es kann bei der Wichtigkeit des Gegenstandes für Deutschland, die Schweiz und das ganze übrige Europa, als sicher gelten, daß diese „Enthüllungen" das gerechteste Aufsehen erregen.

Die „Enthüllungen" geben eine gedrängte Uebersicht der eigenthümlichen staatlichen Entwickelung des Kantons und rollen ein getreues Bild der Partei-Intriguen auf, durch welche die neueste Katastrophe herbeigeführt wurde. Der Mittelpunkt dieser Wirren ist James Fazy, der einstige Präsident von Genf — seine Biographie, die Gewaltstreiche der Radikalen und Fazys „Leibgarde."

Inhalt.

	Seite
I. Standpunkte,	1
II. Genf bis zur Republik	12
III. Genf der Kalviner	19
IV. James Fazy	29
V. James Fazy's Personalien	40
VI. Die Genfer Parteien	55
VII. Die Wirthschaft der Radikalen	61
VIII. Fazy's Leibgarde	69
IX. Genfs jetziges Geistesleben	80

I.

Standpunkte.

Fragmente über Genf und James Fazy! — Ja, blos Fragmente haben wir zu bieten, keine tendenziösen journalistischen Leitartikel, noch eine bestimmt abzielende, organisch aufgebaute Tagsbroschüre.

Diese Fragmente sind nämlich, wie schon ihr Titel sagt, die beaux restes mehrjähriger archivaler, wie politischer und sozialer Studien, in der Schweiz, ja in Genf selbst unternommen, um später einmal eine genetische Geschichte jenes merkwürdigen Freistaats zu schreiben. Diese Arbeit sollte dem Geiste moderner kritischer Geschichtsforschung ebenso gerecht werden, wie in möglichster Objektivität alle früheren und neueren Parteien jenes schon Jahrtausende zusammenhängend dauernden Kulturkampfes schildern, der durch die Bedeutendheit jenes geografischen Punktes, gerade auch ihm fort und fort sich erneuert, weil er stets nicht blos lokale, sondern europäische Interessen berührt — daher auch nie noch blos lokale, sondern stets allgemein menschheitliche Resultate, gut oder übel, erzeugte. Die Aufgabe war eine ebenso riesige, als völlig neue. Um die aus jenen Studien immer klarer sich ergebende Ueberzeugung, wie europäisch wichtig jener Punkt sei, dem bis dahin mehr als indifferentem Auslande lebhaft beibringen zu können, hätte es nicht blos bedurft: zuerst eine bisher noch nicht geahnte Gesammtgeschichte Genfs aus kaum erst theilweise zu Tage geförderten Quellen aktenmäßig darzustellen, also gewissermaßen erst zu schaffen, sondern zugleich auch in derselben dokumentarkritischen Weise der übrigen und größeren europäischen Staaten Spezialgeschichte zu durchforschen, und in ihren tausendfältigen Bezügnissen zu dem kleinen Genf auf dessen Geschichte zubeziehen, was bisher noch gar nicht vorliegt, vielleicht nicht einmal noch versucht worden. Hiezu konnte nur ein Fremder, kein Einheimischer berufen sein; denn es galt nicht, zu beweisen, was Genf den Genfern, überhaupt den Schweizern, sondern es müßte bewiesen werden, was Genf der Entwicklung von Gesammteuropa stets werth war und es noch ist. Lust und Fleiß für solch eine Aufgabe war genug da. Zweifelhafter ist es, ob auch das hiezu nöthige Talent, und die noch nöthigere Ausdauer nicht fehlten? Zuletzt aber fehlte durch Ursachen, die diesmal nicht näher zu berühren sind, die Anfangs sehr günstige Gelegenheit, solchen Studien obzuliegen, und so wurden sie plötzlich abgebrochen, noch dazu mit der nüchternen Ueberzeugung: daß sie für ihren Beginner nie wieder neu aufzunehmen sind. Denn es gibt Fäden von Bezügnissen, die, einmal fallen gelassen oder gerissen, nicht wieder anknüpfbar werden, da auch die Freude an solchem Thun mit ihnen reißt. Derart wurden denn die Bände füllenden Exzerpte und fragmentarischen Aufzeichnungen sowie Schilderungsversuche als Makulatur beiseite geworfen, und waren bereits seit drei Jahren verstaubt, als plötzlich wieder der Telegraf und die Journale vollauf zu thun bekamen — der eine, die Thatsache einer neuen terroristischen Emeute, jener vom 22. August d. J., in alle Welt zu melden, die andern, ihre Leser zu amüsiren durch meist selbstausgeheckte Erklärungsgründe und Schilderung ziemlich mißverstandener, auf Unkenntniß der Lokalverhältnisse beruhender Personalien.

Es fällt uns nicht bei, die einzig richtigen Aufklärungen geben zu können oder dies prätendiren zu wollen. Noch weniger wollen wir irgend Jemanden apodiktische Endurtheile aufdrängen, oder vermessen uns, zu behaupten, das Gras wachsen zu hören. Wir wollen bescheidenst und anspruchslos nur einige wenige Beiträge besonders dem Auslande, liefern, um sich selber ein Urtheil, und nicht blos über die jetzigen Vorgänge, bilden zu können, sondern auch über deren Wurzeln und deren Gravitationsbedingnisse. Zu diesem Ende suchten wir unseren Notizenkram wieder hervor, bliesen den Staub der Vergessenheit davon ab, und wählten die entsprechendsten Fragmente, sie blos zu einer einigermaßen publizirbaren, und dem jetzigen Zweck dienenden Tournüre zusammen schnürend. Wir haben verhältnißmäßig wenig, zudem nur in flüchtigen Umrissen zu bieten, und gar nichts Ganzes, Erschöpfendes. Aber das Wenige das wir zu bieten haben, ist sowohl in den historischen Daten wie in der Beobachtung der Gegenwart so exakt, wie das nur irgend von einem nicht eingebornen Genfer beansprucht werden kann, der jedenfalls schon den Vortheil hat, nicht auf beschränktem Lokalstandpunkte, noch weniger aber innerhalb irgend einer der ringenden Parteien zu stehen.

Man wird übrigens die Feder dieser Zeilen in Genf selbst leicht erkennen, woran vielen Leuten aber gerade am allerwenigsten gelegen ist — nicht gut, nicht übel. Denn die Feder schreibt weder, um die Einen dort zu tadeln, oder die Andern dort zu loben, sondern einfach um dem Europa außer Genf trocken und möglichst objektiv zu referiren, was dort am Leman eigentlich wirklich vorging und vorgeht; wie das Alles kam, wie das so kommen mußte, und wie es noch in Zukunft, mit der Rücksichtslosigkeit eines Naturgesetzes, wird kommen müssen, räumt man nicht die Ursachen weg, aus denen solche Wirkungen sich von selbst folgern, und macht man sich nicht endlich einmal klar, daß es sich dort nicht nur um lokale, sondern um europäische Verhältnisse und deren Tragweiten handelt.

Die Gegenwart der gesammten Kulturwelt ist so voll von, alle Minuten wo anders aufflammenden, brennenden Fragen, — des Papstthums Weltherrschaft, Italiens Einheit, Oestreichs Wiedergeburt, Ungarns Recht, der Panslavism, die Donaufürstenthümer, der kranke Mann in Stambul, der junge Thron in Athen, Deutschland, Preußen Schleswig-Holstein, Dänemark, Polen, Rußlands Reaktion und Reformen, die Sphynx in den Tuilerien, Englands Präponderanzprinzipe, Irland, die Kabylen, Marokko, ägyptisches Gestaltungsfieber, der Kriegin Amerika, Mexiko u. s. w.! — daß es sehr erklärlich ist, wenn man in manchem Momente den Wald vor lauter Bäumen nicht sieht, und durch all diese Echauffements im Zickzack so müde und erschlafft wird, daß man bei allen neuen Symptomen, die nicht gleich kohlschwarzbrandig auftreten, apathisch sich selbst tröstet: das sei nicht wichtig genug, sofort die Augen weit aufzureißen, und zu wenig gepfeffert, um für einen Gaumen, der täglich mit den erwähltesten zartesten Knöspchen von Telegramms verwöhnt wird, noch besonderen Reiz zu bieten.

„Also der Fazy ist ja durchgebrannt, und Frankreich selbst will nun ein gutes Beispiel mit seiner Ausweisung geben!" Also, Herz, was willst Du mehr? Und nun ist diese schlimme Geschichte auch abgethan, endgültig, meint die Schaar der wohlwollenden Leser, die Morgens beim Kaffee alles glauben, was sie Schwarz auf Weiß lesen, um zur Börsenstunde schon längst nicht mehr zu wissen, was sie denn eigentlich mögen gelesen haben.

Möglich ists wohl, daß diese Filister optimistischen Flegma's für den Moment wenigstens Recht behalten; aber es ist für Den, der nüchtern tiefer blickt, und dazu etwas Kenntniß jener Verhältnisse hat, nichts weniger als wahrscheinlich.

Vorerst beginnt noch der juridische Prozeß jener 18 erlangten Köche dieses Breies, und es vergehen wohl noch Wochen ja Monate, bis die Bundesregierung den Moment für passend finden wird, mit dieser cause célèbre hervorzutreten, um dem kriminalgeschichtenhungrigen europäischen Lesepublikum wieder eine leckere Schüssel spannender Verhandlungen serviren zu lassen, damit die Kellner und Zuträger dieser Mahlzeiten öffentlicher Meinung neuerdings ein paar Extrasporteln an journalistischer Dienstgebühr gewinnen mögen.

Wie immer aber auch dieser juridische Prozeß ausfalle, den fortbauernden geschichtlichen Prozeß dieser Frage schließt er nicht ab, beschleunigt ihn vielleicht noch, oder zieht die Aufmerksamkeit von der Hauptfrage weg, daß man dann nicht bemerkt, wenn unversehens die „fremde Hand" winkrasch zum Vorschein kommt, und ebenso rasch wieder verschwindet, aber nicht mehr offen, sondern mit geschlossener Faust.

Es ist nun nöthig, zu erklären, daß wir unserseits solch einen Eskamotagemoment nicht wünschen, aber auch weder fürchten, noch uns derb sittlich entrüstet entsetzen und Rache schnauben werden, tritt er doch ein, und glückts ihm wieder. Wir haben nicht die Ehre, zu irgend einem Volke europäischer Großmächte zu gehören, und unserer Nationalität nach könnt' es uns ziemlich gleichgültig sein, ob die lateinische Welt die ganze germanische und slavische, oder diese alle Lateiner verschlänge. Strenge Anhänger des Nationalitätsprinzipes bis zu seinen subtilsten Konsequenzen, daneben in politischen und sozialen Fragen avancirteste Radikale gesetzlicher Freiheit aller Welt, und in jeglichem Bezuge, erkennen wir als erstes Vernunftgesetz einzig und allein den Volkswillen an, und werden daher jeglichem Volke zur Seite kämpfen, das in diesem seinem Urrechte irgendwie und woher ange= griffen, oder in Frage gestellt wird, gleichviel ob durch Pochen auf absolute Rechte oder durch Parteiterrorism, ob durch absolute Mo= narchen oder absolute Demagogen, ob im Namen der rohen Kraft, oder in dem der Zivilisation, ob durch religiöse oder politische Sonder= interessen, durch Gelüst nationaler Hegemonie, oder durch auf macchia= vellistische Klugheit sich berufende Diplomatie.

Also ohne Feindschaft gegen Frankreich, ohne Freundschaft für deutsche Interessen, ohne sympathische Neigung für die Schweizer, somit sine ira et studio, fühlen wir keinen weiteren Drang in uns, als fak= tische Thatsachen der Welt zu erzählen, sie ihr wortgetreu, wie wir sie erforschten, vorzulegen, und ihr selbst das Urtheil zu überlassen, indem wir ihr auch die Folgerungen nicht verschweigen, die sich aus diesen Studien und Erlebnissen von selbst ergeben; die ungesucht uns als, bei Kenntniß der Thatsachen nicht mehr übersehbare, Consequenzen ins Auge sprangen.

Diese Folgerungen lassen sich aber etwa in folgende Sätze for= muliren.

Der Schweizer, er hat sich schon seit lange das banale Raisonne= ment zurecht gemacht, Irgendwer wolle ihn gelegentlich mit Haut und Haar fressen. Gleichviel wer; genug daß der Schweizer dies unbehag= liche Gefühl hat, und aus Vorsicht noch eigens hegt, um im entschei= denden Momente gefaßt zu sein. In seinen Defensivkalkul gehört es demnach naturgemäß, Genf besitzen zu müssen, obgleich er dies „falsche Nest" nicht eben liebt, aber um ein sicheres Bollwerk gegen derlei leb= haft geträumte Angriffe zu haben.

Der Genfer wieder mag noch weniger die Schweiz, er mag über= haupt eigentlich nur sich, sieht sich still innerlich für den einzigen End= zweck der Schöpfung an, und wenn es darüber hinaus, und unter Wahrung seiner Selbstständigkeit auf nationale Sympathien ankommt, so neigt er sich natürlich mehr dem Gallismus, als dem durch die Majorität der Schweiz repräsentirten Germanismus zu, und das kann man ihm nicht übel nehmen, denn er ist ja selbst und schon seit zwei Jahrtausenden, romanisirter Kelte. Aber als instinktiv kluges Wesen hält er politisch gerne zur Schweiz, die ihm neben seiner Selbstständigkeit auch seiner Meinung nach sichersten Schutz gewährt, denn hängt er mit daran, so muß man erst die ganze Schweiz verschlingen, um ihn als ihr Anhängsel gleicher Verdauung der Mühe werth zu finden.

Europa endlich denkt, man sei nur darauf bedacht, sich den vermeintlichen Kern der ganzen Frage, nämlich die Schweiz, als natürlichen Scheidungspunkt inmitten der übrigen europäischen Staatenbildungen nicht verschieben, oder unversehens herauszuziehen zu lassen, wo dann das ganze künstliche Gleichgewicht auseinanderfiele oder verrückt wäre. Aber um die paar Bröckchen und Krüstchen drum herum, um das Savoyen, das Ländchen Gex, das Dappenthal, oder gar die Duodezrepublik, das „ewig unruhige" Genf, lohne es sich nicht der Mühe, gar zu eifersüchtig oder rechthaberisch zu pochen. Man müsse nicht einiger Fliegen wegen den Elefanten selbst außer Augen verlieren, der eben nur ungedulbig webelt, weil ihn dies Ungeziefer stets so laut summend umschwirrt. Man hab' es ja bei Neuenburg, und seither wieder bei Savoyen gesehen, daß es im Grunde für Europa's Ruhe ziemlich gleichgültig ist, ob der borussische Adler, der gallische Hahn, oder der eidgenössische Löwe auf solch einem Randflecke hause; wenn nur, u. s. w.

Nun, all diese drei Kalkulanten täuschen sich, und zwar schon über den Kern der Frage, also natürlich um so mehr in allen Konsequenzen. Ihre Schlußfolgerungen mit Bezug auf Genf sind falsch, weil deren Prämissen schon falsch gegriffen sind, und diese greifen sie falsch, weil Jedermann, und schon seit Jahrhunderten, trotz aller faktischen Lehren der Geschichte, starr nach links hinblickt, so ermüdend monoton, daß das Auge endlich wirklich dort Gespenster zu erblicken wähnt, wo vorerst blos der Wind die eigene Vogelscheuche bewegt, während von rechts allein Gefahr droht, droht überhaupt welche. Aber dahin schaut eben Niemand, dieser Punkt liegt Allen so außer aller Berechnung, daß schon einmal über Nacht, so ungeahnt als unbemerkt, die Hälfte dieses Punktes — Savoyen —, oder besser gesagt, dessen Außenwerk, eskamotirt werden konnte, ohne daß eine Viertelstunde vorher irgend wer diese Ueberraschung sich hätte träumen lassen. Und als die Sache geschehen war, wie rasch und gleichgültig ließ man sie geschehen sein, ruhig zum Hauptspielzeug zurückkehrend: „wenn sie uns nur die Schweiz nicht nehmen!"

Nun, in Wirklichkeit ist der Fond der Frage folgender: Genf war seit vollen zwei Jahrtausenden stets und ununterbrochen, immer der Angelpunkt jeglicher Weltherrschaft, — gleich Rom, Konstantinopel, Alexandrien, und drüben der Isthmus von Panama, sowie der Missisippi. Wer irgend in alter Welt auf irgend eine Weise nach Weltherrschaft strebte, suchte sich zuerst des Angelpunktes Genf zu versichern. Julius Cäsar, ersten die Burgundionen, die deutschen Kaiser, das aufstrebende Haus Savoyen, die Reformation, die Hugenotten, die Berner Oligarchen, die französische Republik, Napoléon I., und die unheilige heil. Allianz! Aber noch mehr; wer diesen Punkt wirklich in die Gewalt bekam, hatte damit von selbst und nach Belieben die Schweiz; wem es — wie z. B. dem Savoyer — auch in Jahrhunderten nicht gelang, trotzdem schon alles übrige Land sein war, dazu noch Genf zu haben, der faßte auch nie dauernd den Fuß in der übrigen Schweiz; aber es kam nicht minder vor, daß man die ganze Schweiz und zwar nur darum nahm, um desto sicherer Genf dazu zu bekommen.

Also nicht um die Schweiz dreht es sich, sondern um Genf. Wer diesen kleinen, aber weltwichtigen Punkt hat, der hat die Schweiz von selbst im Sacke; was jedoch noch viel bedrohlicher ist, der hat den Schlüssel zu ganz Mitteleuropa, zu Deutschland, Oestreich, Italien, oder auch umgekehrt zu Frankreich denn — nur so nebenbei bemerkt, — man wird aus späterem historischen Nachweis ersehen, daß es nur an einem Haare hing, durch Genfs Uebergewicht dem Hugenottenthum in Frankreich legitime Geltung zu verschaffen; und unter allen Punkten außer Frankreich kann nur von Genf aus eine für Frankreich oder den Continent entscheidende Ideenbewegung, politisch oder sozialistisch, ausgehend gedacht werden.

So oft sich daher der Prozeß vollzieht, daß irgend eine Macht oder Partei in Mitteleuropa drängt oder gedrängt wird, wird sie stets auf Genf zu gravitiren; und diesen Punkt mehr oder weniger schwierig zu erlangen, das hing und hängt nie von irgend einer Rücksicht oder einem Nebengedanken an die Schweiz ab, sondern war stets und ist davon abhängig, ob das lokale Parteiwesen in Genf, durch einheimische oder fremde Ursachen, sich in einer Lage befindet, daß die fremden Mächte durch Korruption und Spezialinteressen den Weg gebahnt finden, um zuzugreifen oder nicht.

Das glaubt freilich heute noch Niemand der an der Frage Betheiligten. Und will man wissen, warum nicht? Hauptsächlich, weil es noch keine, von diesem höheren politischen Standpunkte geschriebene, in allen Perioden zusammenhängende Geschichte dieser zweitältesten Stadt des alten Europa's gibt — wogegen aber wohl in Jedermanns Hand sich Dutzende tendenziös gefälschter, den welthistorischen Standpunkt der Frage kleinlich verrückender Geschichten Genfs befinden, die nur die letzten drei Jahrhunderte, und das in bestimmter, irreleitender Absicht, umschreiben, welche Absicht auch völlig gelungen ist. Denn jene konfessionel tendenziöse Geschichtsschreibung Genfs ist denn auch in ganz Europa landläufig geworden, in konventionelle Frasen umgeprägt in alle andern Quellenwerke, dadurch in das Bewußtsein des ganzen Auslandes wie der Schweizer, als Faktum übergegangen, und hat die europäische Bedeutung Genfs auf das Niveau einer blos lokalen, höchstens noch konfessionellen Frage herabgedrückt.

Um nun diese, scheinbar nagelneue, und nach Hypothesen aussehende Behauptung auch nur annähernd beweisen, oder es doch möglich machen zu können, daß man auch dieser Seite der Frage einige Beachtung schenke, ist es nöthig, dem Verfasser zu gestatten, die verehrten Lehrer anfangs etwas mit geschichtlichen Daten zu langweilen, bevor auf den lustigeren, mehr skandalösen Theil der Vorfälle während 18jähriger Diktatur James Fazy's übergegangen werden kann.

Die hier gebotenen Daten, sowohl was Genfs frühere als jetzige Geschichte betrifft sind authentische, theilweise zum ersten Male, obgleich diesmal nur in allgemeinen flüchtigen Zügen angedeutet, dem übrigen

Europa bekannt gegeben. Was die Daten älterer Geschichte betrifft, so sind selbe die Resultate langjähriger archivaler Forschungen zweier Genfer Gelehrten — des verstorbenen J. A. Galiffe, und seines noch lebenden Sohnes Dr. J. B. Galiffe — sowie deren täglich größer werbenden Schule. Als diese Forschungen vor 40 und 50 Jahren begannen, und mit dem Begehren auftraten, die seit Kalvins Diktatur vor drei Jahrhunderten versiegelt oder intact gewesenen Staatsarchive durchstöbern zu können, um an der Hand sicherer Dokumente die vom Kalvinismus in Schwung gebrachte tendenziöse Geschichtsschreibung kontroliren zu können, rief dies Vorhaben eben so Entsetzen als zuletzt sogar thatsächliche Verfolgung hervor. Die ersten Publikationen dieser Art erweckten förmliche Volksmeuten. Heute sind diese Forschungen schon zu Spezialbibliotheken herangewachsen, die Archive Jedermann zugänglich. Die französische, die schweizer, namentlich aber die deutsche Wissenschaft — besonders Schlosser, Gervinus, Mommsen u. s. w. — haben diese Resultate streng kritischer Schule glänzend anerkannt und begrüßt. Aber diese Ergebnisse sind erst theilweise gedruckt, und selbst in der Schweiz noch nicht so allgemein bekannt, als sie es verdienen. Dem Verfasser dieser Zeilen war es vergönnt, einige Jahre hindurch diese Resultate direkt benützen zu dürfen. So entstanden Aufzeichnungen, für deren Exaktheit garantirt werden kann, die aber, anderer Ursachen wegen, blos Fragmente blieben.

Nicht minder gewissenhaft zu garantiren sind die hier erzählten Thatsachen seit jener achtzehnjährigen Diktatur, deren Angaben theilweise direkt aus Fazy's Munde stammen, theilweise aus gerichtlichen, oder gedruckt vorliegenden Dokumenten. Der einzige Mangel, der letzteren Daten vorzuwerfen wäre, ist, daß nur die allerschreiendsten Fakta der Mühe werth gefunden wurden, aufgezeichnet zu werden.

Also an den hier gebotenen Daten aus alter oder neuerer Geschichte Genfs ist nicht zu rütteln; sie können dokumentar erhärtet werden, wurden zudem auch von den Gegnern nie in Abrede gestellt.

Dagegen ist einzugestehen, daß die hier versuchten Folgerungen aus jenen Daten allerdings Ansichten sind, die zwar nicht aus irgend welchem Parteistandpunkte hervorgingen, aber doch aus subjektiver Beurtheilung. Es werden Europa daher die Daten vorgelegt, damit eine unabhängige öffentliche Meinung den Maßstab zu handen habe, zu entscheiden, ob die daran gehängten Folgerungen zu hoch oder zu niedrig gegriffen scheinen.

Die hier erzählten Thatsachen an sich sind geeignet, die europäische Reaktion zu lautem Jubel zu verleiten, die Liberalen aller Parteien mit tiefer Betrübniß zu erfüllen und vielleicht bei eigenem Streben verzagt zu machen. Denn Genf galt als einziger bis jetzt ermöglichter, praktisch durchgeführter Musterstaat des Radikalismus. Wenn nun aber die hier folgenden Fakta diese Illusion zerstören, und erkennen lassen: dieser Staat war zwar von langher bereits ein Augiasstall wüster Parteileidenschaft, der Herkules der kam und als solcher figurirte, habe ihn aber nicht nur nicht gereinigt, sondern noch mehr bemistet, als vordem je möglich gewesen wäre, so ist das zwar eine bittere Enttäuschung, aber nur über den Mann, nicht über das Prinzip. Denn dasselbe Prinzip herrscht seit 1848 in der gesammten Schweiz, und man mag die Schweizer noch so antipathisch finden, man wird zugestehen müssen, daß die übrigen Schweizer Verhältnisse wenig zu wünschen übrig lassen, ja vielfach wirklich als Muster der Problemlösung gelten können: Ordnung bei absoluter Freiheit. Der Unterschied liegt einzig nur darin, daß dieser selbe Radikalismus in der übrigen Schweiz mit sittlichem Ernst durchgeführt, in Genf auf frivolem, persönlichem Gelüste basirt, und dafür zu Experimenten mißbraucht wurde. Also nicht das Prinzip hat Bankrott gemacht, sondern blos in einem zweiundzwanzigstel Theile des Ganzen dessen unwürdiger Träger. Unter „Sittlichkeit" kann bei politischen Staatsfragen nicht von persönlichen Schwächen, Fehlern, ja Lastern die Rede sein, am wenigsten, wenn von ganzen Parteien gesprochen wird, und diese Zeilen werden am letzten vom Standpunkte eines näselnden Moralpredigers geschrieben. Es ist bei dem Genfer Radikalismus vom Mangel jener höheren Sittlichkeit die Rede, welche auch nicht für gute Zwecke zu ethisch verwerflichen Mitteln der Politik greift, um ans Ziel zu gelangen, und welche sich überhaupt ein anderes Ziel setzt, als das blos persönliche, sich um jeden, aber auch um jeden Preis am Ruder zu erhalten. Dieses politische höhere Sittlichkeitsgefühl steht über allen Parteien, wurzelt in einem, gerade durch erbultetes Unrecht von Seite der Gegner geläutertem tiefen Rechtsgefühle, und kann nur aus wirklichem Patriotismus hervorgehen, der nicht sich, sondern die Sache im Auge hat. Für den Mangel solch eines wahren Patriotismus können aber die glänzendsten persönlichen Eigenschaften, die bankenswerthesten sonstigen Thaten, auch noch so gutes übriges Wirken nicht entschädigen, noch diesen Mangel verdecken, der früher oder später stets zu Tage treten muß, und sich durch sein Schwanken verräth, weil ihm der feste Boden unter den Füßen fehlt: die solide Unterlage ehrlichen Wollens oder ehrlichen Handelns. Niemand nun kann James Fazy einen unbedeutenden, oder direkt bösen Charakter nennen; im Gegentheile, er erwies sich als glänzender Organisateur, scharfen und gesunden Denkens fähig, mit seltenem Instinkt begabt, Verhältnisse und Personen richtig zu begreifen, und er hat ebensoviel Nachtheiliges bankenswerth zerstört, als Gutes dauernd geschaffen. Aber um das durchführen zu können, mußte er sich absoluten Einfluß erringen, und um diesen zu erringen, war ihm jegliches Mittel gut genug, auch solche die er andern Falles selbst als verwerflich brandmarkte — und nachdem er absoluten Einfluß erlangt hatte, konzentrirte er diesen in seiner Person auch für persönliche Zwecke, ja bloße Gelüste, und handelte dafür an der Spitze einer Republik als autokrater Despot, und nicht einmal mit selbstgeschaffener Kraft, sondern mittels um jeden Preis abgerungener Konzessionen, für die er sich an jegliche Partei verkaufte, mit der frivolen Absicht jegliche zu verrathen, sobald er ihrer nicht mehr nöthig habe, und im Nothfalle sein eigen Volk, nur um sich wenigstens für eigene Person an Spitze dieser Intriguen zu erhalten. Er hat all das vielleicht nie absichtlich gewollt, derlei Konsequenzen nie ernsthaft gefürchtet, aber er hat stets darnach gehandelt, daß sich solche Konsequenzen naturgesetzlich ergeben müssen, und er ist der Mann dazu, die Achsel zu zucken, sobald derlei Konsequenzen Herr über die Situation und seine Beherrschung derselben werden.

Nach achtzehnjähriger Regierung um solchen Preis ist denn Genf wieder in der Lage, woraus es für immer zu reißen und vor

Rückfällen zu sichern der Genfer Radikalismus gewissermaßen Europa die Zusicherung gab, als er unter dessen Beifall vor 18 Jahren auch die letzten Reste früherer Parteien besiegte. Jene frühere oligarchische Koterie hatte eben gerade denselben Despotismus ausgeübt, und dazu, in bornirter Selbstsucht, keinerlei Garantie geboten, daß dieser europäisch wichtige Punkt neutral bleibe, vielmehr jeglichem Verrathe Thür und Thor geöffnet, war es nothwendig, nur sich selbst zu retten. Und der Radikalismus, der einzig in Opposition gegen diesen herrschsüchtigen und unpatriotischen Egoismus, gegen diese blos bornirt lokale Auffassung von Genfs Lebenszweck zu einer Kraft auswachsen konnte, er hat, zur Herrschaft gelangt, genau auch seinerseits diese Selbstsucht entwickelt, und dadurch nicht nur sich, nicht nur die Schweiz, sondern ganz Europa in eine neue Gefahr versetzt, deren Tragweite noch gar nicht abzusehen ist. Es fragt sich daher nur blos, ob auch sein Nachfolger, ob die eben in Opposition gegen ihn berechtigt zur Herrschaft gelangte Partei der Independenten beweisen wird, daß auch sie weder was gelernt, noch was vergessen hat?

II.
Genf bis zur Republik.

Seit Entdeckung der sogenannten „Pfahlbautenperiode" — welche bekanntlich eben auf den Seen der Schweiz ihr wissenschaftlich Debüt hatte, — riskirt man, noch einen Ring mehr, einen vorhistorischen, zu jenen genugsamen andern, größeren und kleineren, zu erhalten, welche die Geschichte Genf seit zwanzig Sekuli ansetzte, und welche Gliederungen genau zu unterscheiden, und übersichtlich klar darzulegen, ohnehin bisher schon soviel Schwierigkeiten, und so wenig zusammenhängende Daten bot. Doch die Pfahlbautenentdeckungen sind noch so jung und erst sporadische; die im Genfersee, bei Rolle und Morge, nicht so gut konservirt als jene in den Seen von Neuenburg und Zürich; jedenfalls aber ließe sich schon jetzt aus diesen, halb noch räthselhaften Spuren kein Hauptargument für die Tendenz vorliegender

Zeilen gewinnen. Somit genügt einstweilen die bloße Andeutung, und wir können gleich mit der historisch bekannten Zeit beginnen. Letztere umfaßt bis heute 1986 Jahre, und gliedert sich in 9 selbstständige Ringe besonderer Herrschaften.

1) Die Römerherrschaft in Genf dauerte 517 Jahre, nämlich von 122 J. vor, bis 395 J. nach Christi Geburt. Diese Thatsache würde an sich nicht viel sagen. Denn, was stand nicht unterm Scepter jener ewigen Roma? Aber jenes „Geneva" war eben nicht eine der nächstbesten Colonien oder Stationen der Provincia Maxima, sondern schon damals eine Weile das wirkliche Gegen=Rom. Es war der Punkt, von dem aus der meteorgleichste der Römer seine eigene Welt in Bewegung setzte. Als Julius Cäsar, — 54 J. v. Chr. — seinen Gläubigern in Rom entwich, kam er, wie er selbst erzählt, nach Genf, ins Land der Allobroger — eines Keltenstammes — von hier aus marschirte er unter Siegen zurück nach Rom. Dann hier sich eigenmächtig an die Spitze einer Legion stellend, verfolgte er von hier aus die nach Galliens Niederungen hinabsteigenden Helvetier, vernichtete sie mehr als halb, schickte ihre Reste zurück in das Dunkel ihrer Heimath, wo sie ein paar Sekuli darnach gänzlich aufgerieben wurden. Von hier aus eroberte Cäsar auch zuerst Gallien und Italien, um mit diesen Erfolgen beladen, dorthin zurückzukehren, von wo die Welt seinen Namen als den des ersten Imperatoren kennen lernen sollte. Daß aber Genf auch noch in den übrigen 395 Jahren nach jenem ersten der Cäsaren noch der zweite hauptsächlichste Stützpunkt des Römerthums blieb, das beweist die nachrömische Geschichte jener „Civitas", welche ohne diese Annahme ein Räthsel wäre. Es gab bekanntlich damals, nach Aufreibung der autochthonen Helvetier, jahrhundertlang noch nichts von dem, was man später Schweiz zu nennen begann, sondern blos eine leere Wildniß. Genf aber blühte isolirt fort, bald der Mittelpunkt, bald die Grenze neuer Weltreiche.

2) Die erste Burgundionenherrschaft in Genf, 139 Jahre dauernd, von 395 bis 534. Diese germanischen Burgundionen sie wurden, gleich den keltischen Allobrogen, von jenen Genfer Resten des, ihnen kultural weit überlegenen Römerthums völlig romanisirt. Der

Sieger Gondebald beugte sich den besiegten Senatoren, sie zu Räthen seiner neuen Krone wählend, von ihnen lernend. Dadurch allein konservirten sich die Burgundionen zu einer späteren, wie man sehen wird wirklich dann eingetretenen Wiedergeburt. Denn schon waren die Alemannen von Norden und Osten her in das leere Land der heutigen Schweiz eingerückt, und schoben sich bis an den Leman vor, den Grundstock der heutigen deutschen Schweizer bildend. Aber sie konnten nicht weiter vor, denn dort stießen sie auf die Vorhut des romanisirten Burgundenthums, das durch dynastische Verzweigungen bis in's Herz des heutigen Frankreichs wuchs. Genf war die Ursache daß Gallien romanisch blieb.

3) Die merowingische Frankenherrschaft in Genf, perennirte 217 Jahre von 534 bis 751. Plötzlich hatte sich das Frankenthum als gewaltige, aber im Ganzen kurz dauernde Weltherrschaft aufgerollt. Es suchte vor Allem in Genf festen Fuß zu fassen, um von hier aus in entscheidenden Erfolgen auszustralen. Es gewann Gallien.

4) Die karolingische Frankenherrschaft in Genf zählte 137 Jahre, von 751 bis 888. Das Frankenthum sollte in Karl dem Großen gipfeln, mit ihm aber auch zu erlöschen beginnen. Karl mußte sich natürlich vor Allem Genf sichern, um weiter schreiten zu können. Er kam persönlich an den Leman, setzte sich die Krone Burgunds auf, und stieg darnach hinab, die Longobarden niederzuwerfen, sich den Weg bis Rom zu bahnen, wo er als Kaiser des Abendlandes gekrönt wurde. Dabei hatte er alle früheren Institutionen, Systeme, alles Hergebrachte bei jenen Burgundionen entwurzelt, durch neue fränkische Einrichtungen ersetzt, besonders die Erbfolge in den zahlreichen kleinen Dynastien. Doch das Frankenthum erwies sich als eine weit ausgedehnte Ueberschwemmung, welche zwar während ihres Bestandes nichts als den eigenen Wasserspiegel sehen ließ, aber als es nach blos drei Jahrhunderten rasch zu versiegen begann, zeigte sich allerorts der ursprüngliche Boden, und er grünte weiter, als sei er nie verschwunden gewesen.

5) Die zweite Burgundionenherrschaft in Genf, 144 Jahre dauernd, von 888 bis 1032, sie war die kürzeste, aber auch folgenschwerste für Genfs Zukunft. Des starken Karls schwacher Sohn, Lud-

wig der Fromme, hatte 818 in zweiter Ehe Judith, die Burgundionin geheirathet. Sie nun half rasch ihrem Blute wieder empor, in steten Kämpfen mit ihren Stiefsöhnen, den Karolingen. So gelangte denn die Dynastie der Rudolfiten oder Strätlingen zur Regierung, das neue Königthum Burgund schaffend, das sich von Lausanne bis Arles, von Besançon bis Dijon ausdehnte. Jedoch der Letzte dieses blos aus vier Nachfolgern bestandenen Hauses, Rudolf III., der Faule, verjagt von den Burgundern wegen seinen Verprassungen, ernannte, als sein nicht blutsverwandter Neffe, Konrad der Salier, eben zum deutschen Könige gewählt, 1627 durch Genf zog, um in Rom römischer Kaiser zu werden, diesen Kaiser Konrad II., — gegen alles Recht und Gesetz — zu seinem Nachfolger, begleitete ihn auch nach Rom, und starb dort. So kam Genf ans römische Reich, war der Hauptstützpunkt Konrad's, seine illegitimen Weltherrschaftsansprüche durchzusetzen, ergab aber zugleich auch jene jahrhundertlangen Existenzkämpfe in Genf selbst, — mit den eingebornen Genfer Grafen, mit den Bischöfen Rom's, und mit dem dritten Gegner, den heranschleichenden Savoyern — bis endlich aus diesen gegenseitigen Aufzehrungen der Abfall von Rom's Kirche, und die Republik hervorwuchs.

6) Die **Herrschaft der Fürstbischöfe** in Genf, sie weiset volle 500 Jahre aus, von 1032 bis 1532. Jener Burgunder König, der faule Rudolf III. hatte vier Schwestern. Eine derselben war an Haymon, Grafen von Genf und Genèvois, verheirathet. Somit hätte, nach burgundischer Erbfolge der Thron der Burgundionen an die Grafen von Genf übergehen müssen. Jedoch, da Rudolf III., gegen die Rechte seines Volkes wie seiner Dynastie, einen Fremden, den deutschrömischen Kaiser, sein Land vermacht hatte, so begann nun der jahrhundertlange Kampf zwischen den Grafen von Genf, und den vom deutschen Kaiser eingesetzten Fürstbischöfen. Letztere unterstützte Konrad der Salier kräftigst, vermehrte ihre Rechte und Einnahmen, und so sorgte auch der Klerus für ihn, daß er sich 1033, nachdem er schon die deutsche und die römische Krone trug, auch noch eigens zu Payerne die burgundische aufsetzen konnte. Genf selbst wurde „das unmittelbare Glied des heiligen zweirömischen Reichs" und die Genfer kamen bei diesen Balgereien

am besten weg, denn überhaupt „unterm Krummstabe läßt sich's gut leben". In diesem besonderen Falle aber vermehrten die Bischöfe fortwährend ihrer Stadt Rechte, um das Volk für sich zu gewinnen, das in juridischer, besonders in Beziehung crimineller Execution noch immer unter die Botmäßigkeit der Grafen von Genf gehörte, die in ihrem Schlosse, auf der Insel in der Rhône, und auf ihrer Herrschaft Genèvois — in nachherigem Savoyen — hausten. Genfs Munizipalgeschichte begann sich somit gewaltig und selbstständig zu entwickeln. Die Genfer erhielten nach und nach alle Rechte eines Selbstgouvernements, der Genfer Grafen Einfluß ward immer mehr zur bloßen Formalität herabgedrückt, die Fürstbischöfe kümmerten sich schon fast gar nicht mehr um weltliche Angelegenheiten, und Genf war schon Jahrhunderte vor der Kirchenreformation wirkliche, unleugbare Republik, blos mit einem geistlichen Dogen an der Spitze. Die Genfer Grafen hatten nur noch Vidome oder Kastvögte auf jener Rhôneinsel, welche unbedeutende Abgaben einhoben. Es schien der ewige Friede einzutreten; das Volk war Souverän; die Bischöfe wurden „römische Reichsfürsten", so hohen Titels, daß sich später vielfach fremde Erzbischöfe, Kardinäle, ja sogar Päpste um diesen Stuhl bewarben, nicht ihm so sehr, als zulieb des Titels.

Aber Genf ist nun einmal ein weltentscheidender geografischer Punkt, dem von Julius Cäsar an Alle zugravitirten, die irgendwie nach Weltmacht strebten; die Gondebalden, die Merowingen, die Karolingen, die Rudolfiten, die deutschrömischen Kaiser. Es meldete sich also auch bald wieder ein neuer äußerer Feind, lüstern nach diesem Knotenpunkte. Dieser neue Feind wurde aber eigens von den Fürstbischöfen gerufen, als Verstärkung gegen die immer noch unruhigen Grafen von Genf. Peter von Savoyen, der „kleine Charlemagne" kam auf eigenthümliche Weise im Besitz von sehr weithergeholten Ansprüchen auf Genf. Er hatte 1260 in England sich vom Letzten der älteren Linie der Genfer Grafen alle Rechte zebiren lassen, wozu dieser Letzte natürlich keine Berechtigung hatte, da die jüngere Linie noch souverän daheim regierte. Mit dieser Zebirung versehen, eroberte der schlaue und kühne Savoyer die ganze Waadt, alles Land um Neufchâtel und Murten, bis hinauf an die Thore Genfs. Dann aber schlug er den Genfer Grafen Rudolf, und forderte von ihm solch hohe Auslösungssumme, daß dieser ihm hiefür seine Erbburg inmitten Genfs verpfändete. Peters Erben verfolgten nun diesen Vortheil, schon mit Einem Fuße in jener Bischofsstadt zu sein. Aber es dauerte Jahrhunderte, bis sie auch den zweiten Fuß darein setzen sollten, und als sie es endlich eben vollbracht glaubten, wurden sie mit beiden Füßen hinausgeworfen. 1275 war ein Graf von Genf zugleich auch Fürstbischof geworden; nun schien also wenigstens der eine Streit zu Ende. Aber der andere begann. Savoyen hetzte die Bürger gegen diese Koalition auf. Als nun ein weiterer Fürstbischof im Namen Roms die dem Stuhle konfiszirten Güter zurückverlangte, beanspruchte der Savoyer einen so hohen Auslösungspreis, daß ihm dafür das Vidomat auf der Rhôneinsel verpfändet wurde. Der Savoyer war dadurch eigentlich Vasall des Fürstbischofs, doch er betrug sich von da ab als Herr. Dies brachte das Volk gegen den Bund mit Savoyen auf. Es erfolgte die provisorische Regierung von 1307. Ihre Frucht war das Syndikat von 1309, der Beginn der Selbstregierung des Bürgerthums. Der „grüne Graf" aber — Amadäus VII. von Savoyen — suchte das verlorne Terrain wieder durch Intriguen zu gewinnen, die zuletzt so frech wurden, daß Papst und Kaiser mit Annullirungen und Bullen darein donnerten, ihren Bischof zu retten. Um Weiterem vorzubeugen ward Genf fortifizirt. Die Grafen von Genf waren am Aussterben, als ihr Letzter, Robert, 1378 als Klemens VII. Papst wurde. Nach dessen Tode kaufte Amadäus VII. auch noch die Grafschaft Genèvois. Savoyen hatte nun alles Land um den Leman, einzig nur nicht die kleine Stadt Genf. Es gab blos noch zwei Hindernisse, den Episkopat, und das Volk von Genf.

Da trat 1378 das große — siebzig Jahre dauernde — Schisma in der katholischen Kirche ein. Der Erste dieser Gegenpäpste war Robert Graf von Genf, der Klemens VII. wurde; der letzte war der Genfer Fürstbischof, Amadäus VIII. von Savoyen, der als Papst Felix zu Ripaille am Genfersee lebte, und von dort seine zahlreichen Bullen erließ.

Man sieht also, schon lange vor Kalvin schwankte die Wage der

Weltgeschichte, daß Genf bereits damals das „zweite Rom" geworden wäre! Aber der Savoyer schlief nicht. Kaiser Sigismund, der Ungar, kam 1415 eigens durch Genf, um den Savoyer zu zügeln. Sigismund erklärte dann 1420 Genf als ein: membrum sacri Romani Imperii." Um sich zu stillen, erhielt dagegen der Savoyer in seinen eigenen Landen den Herzogshut. Er war aber nicht zu stillen, und da es nicht auf geradem Wege ging, warbs auf indirektem versucht. Der Herzog Amadäus VIII. von Savoyen, bereits Vater mehrerer Kinder, wurde 1439 Papst Felix V. Er hatte nichts Eiligeres zu thun, er, der Papst, als sich 1444 zum Fürstbischofe von Genf zu machen! Von da ab wurden die Savoyer somit Fürstbischöfe, also auf indirektem Wege Souveräne von Genf, und trieben es so arg, setzten zuletzt unmündige Kinder auf den Bischofsstuhl, und vollzogen Hinrichtungen der edelsten Bürger — z. B. der Patrioten Berthelier und Levrier, bis den vielgequälten Genfern die Geduld riß, und jene Liga entstand, aus der Genf 1526 frei von Savoyen, aber auch frei von den Fürstbischöfen, und überhaupt vom Katholizismus, reformirt und republikanisch hervorging.

Als nämlich jene Zustände zu unerträglich wurden, die Bürger aber schon seit 1385 eine eigene Konstitution hatten, wandten sich ihre angesehensten an die Schweizer Eidgenossenschaft. Diese Verschwörung leitete hauptsächlich Besançon Hugues, der Befreier Genfs, der mit vielen Andern von 1519 an Comburgeois von Freiburg und Bern geworben war. Als diese dann 1526 den savoyischen Fürstbischof vertrieben, und Genf zur Republik erklärt hatten, standen ihnen die „Eydgenots" — aus welchem Worte später das Wort „Hugenots" wurde — bei. Bern schickte seinen Hans Franz Nägeli mit einem Heere, und als es den meisten Einfluß in der neuen Republik gewonnen hatte, auch seine Reformatoren, Farel und Viret. So war denn Genf von 1532 bis 1541 schon Republik und schon reformirt, bevor es durch einen bloßen Zufall von da ab, und nur durch härtesten tyrannischen Druck kalvinisch wurde.

III.
Genf der Kalviner.

7. Die siebente Periode der Geschichte umschließt die 262 Jahre, während welchen diese merkwürdige Kommune kalvinische Republik war, nämlich von 1532 bis 1794.

Eines Tages im Jahre 1541 kam ein Franzose, Jean Kalvin, geb. 1509 zu Noyon, zufällig durch Genf, um sich zur Herzogin nach Navarra zu begeben. Die Reformatoren Genfs, Farel und Viret, hielten den schon damals berühmten Glaubensgenossen zurück, ihn beschwörend, die Leitung der neuen Gemeinde zu übernehmen. Er wollte lange nicht. Zuletzt blieb er, und begann sofort, den bis dahin geltenden Berner Kultus abzuschaffen. Das ärgerte die in Bern; sie hetzten die Genfer, das nicht zu dulden, und als auch Jean Kalvin nicht nachgeben wollte, stellte man es ihm frei, wieder fortzuziehen. Er zog sich schmollend nach Straßburg zurück. Unterdeß aber arbeiteten seine schon gewonnenen zahlreichen Anhänger, und setzten seine Zurückberufung 1546 durch. Er kam wieder, aber nur auf die Zusicherung, daß das Konsistorium die höchste Behörde sei. Als der finstere Fanatiker diese Gewalt ertrotzt hatte, begann er aufzuräumen. Er stieß sich zuerst an den freien und fröhlichen Sitten, an den Trachten und Unterhaltungen. Das wollten sich die „Befreier von Genf" und ihre Frauen und Söhne natürlich nicht gefallen lassen. Jean Kalvin wußte diesem Widerstande Rath. Er ließ die Einbürgerung Fremder ungemein erleichtern. Diese Erleichterung und der Ruf der neuen Lehre zog tausende Verfolgter an. Es fand oft an Einem Tage die Aufnahme hunderter von Fremden oder Bürgern statt. Meist waren es Franzosen, auch Italiener. Dieser Zufluß schwoll an. Bald hatte Kalvin eine Majorität von Fremden für sich; zudem unterstützte ihn das ganze protestantische Europa. Nun schien ihm die Zeit gekommen, die Genfer „Freiheitshelden" zum Schweigen zu bringen. Es erfolgten bis 1560 hunderte von Hinrichtungen, Verbrennungen, Proskriptionen, öffentliche Auspeitschungen, Vermögenskonfiskationen. Wer sich irgend muckte, wurde aufs Haupt ge=

schlagen. Gräuel wurde im Namen des „neuen Gottes" vollbracht, die sich mit denen fanatischester Zeiten des Katholicismus stolz messen können. Die 1553 erfolgte Verbrennung des seither aller Welt bekannten Miguel Servet ist nur ein Kinderspiel im Vergleich mit all den übrigen von Kalvin geleiteten Exekutionen, von denen die Welt merkwürdigerweise fast gar nichts weiß. Aber schon viele dieser Prozeßakten sind seitdem, meist durch Dr. J. B. Galiffe, dokumentar veröffentlicht, besonders der Prozeß gegen die „Libertiner" — so nannten die Ankläger die „Liberatoten!" — von 1555. Kalvin gewann dann endlich durch diesen Dunkomismus die gewünschte Ruhe des Grabes — für seine viel tiefer liegenden politischen Pläne. Fast absoluter Herr Genfs geworden, gestützt durch die von ihm herbeigezogenen Fremden, gut geheißen durch Europa's Protektion, ging der fromme Franzose daran, mit Heinrich III. und Heinrich IV. zu unterhandeln. Seit Kurzem sind auch diese Aktenstücke vorliegend, aus denen evident hervorgeht, Kalvin trug Frankreich Genf als Preis an, wenn Frankreich die Hugenotten gesetzlich anerkenne! Von da ab tritt Frankreich in die Genfer Geschichte. Die Unterhandlungen dauerten noch über Kalvins Tod hinaus, und rissen erst durch Zurücknahme des Edikt von Nantes und durch die Bartholomäusnacht. Als diese Verhandlungen begannen, schickte Frankreich sofort einen Agenten nach Genf, den Superbe Maigret. Doch Bern war auch auf der Hut, und trat sofort gegen diese Umtriebe auf, sogar mit Invasion drohend. Kalvin suchte sich weitere Stützen. Er schuf vor Allem die Genfer Aristokratie, eine Anzahl ihm ergebener eingeborner und eingewanderter Familien, in deren Reihen von nun an die Regierung erblich wurde. Der „Kleine Rath" von nur 24 Mitgliedern war, nebst dem Konsistorium von nun an der wirkliche Souverän von Genf; der „Große Rath" der 200 figurirte blos noch. Die übrigen Bürger hatten gar nichts mehr zu sagen. 1559 war die Akademie gegründet, von da ab jene vielen fremden Gelehrten nach Genf gezogen worden — die beiden Godefroy, Lectius, beide Estienne (Stephanus), beide Scaliger, beide Casaubons, Th. de Béze, John Knox, De Léri, Jean Diodati u. s. w.

— aus deren Wurzeln später jener großartige Cyklus der Gelehrtenwelt Genfs hervorging, welcher in den nächsten zwei Jahrhunderten in die Hunderte, ja fast Tausende zählte. Wir wollen von diesem Wunderbaum, erwachsen aus dem Senfkorn Genf nur die allerbedeutendsten Namen Europa kurz ins Gedächtniß rufen: den Naturforscher Gringalet; den Filosofen N. Chonnet, dessen Schüler Louis Tronchin; die Drucker Conrad Babins und Jean be Tournes; der älteste Botaniker Genfs Dr. D. Chabrey; der Anatom Th. Bonet; die Mathematiker Jalabert und Calandrini, und der noch berühmtere Gabriel Cramer; Voltaire's Arzt, der Blatternimpfer Dr. Th. Tronchin; Euler's Schüler, Louis Bertrand; der Gründer der Geologie und Erdfysik, der erste Sterbliche, der den Montblanc bestiegen, der große Horace be Saussure; der Filosof und Naturforscher Charles Bonnét; die grübelnde Rationalistin Marie Huber; der geistreiche Abanzit; der Logiker Amédée De la Rive; der Essayist Lesage be La Colombière; der überfruchtbare Pierre Brévost; der verdienstvolle Fysiologe Jean Senebier; der Polypenentdecker Abraham Trembley; der scharfsinnige Geologe und Meteorologe André Deluc; sein Bruder, der Hygrometer Antoine Deluc; der Psychologe Jean Trembley; der Gründer der Wärmelehre, Marc-Auguste Pictet; der Chemiker P. F. Tingry; der blinde Bienenbeobachter Jean Huber; der weltberühmte Botaniker Pyrame Decandolle; der große Chirurg Cabanis; der Mathematiker Louis Necker; der Astronom J. A. Mallet; der Beobachter der elaäischen Flüssigkeiten George Lesage; der Fossilienforscher Mussarb; der Termitologe François Huber; der Venusbeobachter am Nordpol Louis Pictet; der Analytiker Baron Lubières De Langes; der Geometer Marson; der berühmte Hypsometrist Simon Lhulier; der Arzt Pierre Butini; der Stifter der schweizerischen Naturforschergesellschaft Henri Gosse; der Anatom Ami Le Fort; der berühmte Kinderarzt Ballexerb; der Arzt des Herzogs von Orléans Dr. Gallatin; der Magnetismusbeobachter Dr. Harsu; der Mortalitätsstatistiker Dr. Louis Odier; der berühmte Gastriologe Dr. P. Jurine; der Pflanzenfysiologe Baucher; der Pflanzenchemiker

Théodore de Saussure; vor Allem aber J. J. Rousseau; die Staël-Holstein; deren Schwiegertochter Abeline Necker-be-Saussure. Nicht minder sind zu nennen und meist in alle Sprachen übersetzt, der Historiker Dänemarks Paul-Henri Mallet; der fruchtbare Forscher romanischer Geschichte, Simonde be Sismondi; der kühne Königthumsvertheidiger Mallet Du Pan; der Staatsrechtslehrer Delolme; der Erläuterer Bentham's, Etienne Dumont; der Barometererfinder Micheli Du Crest; der Rübenzuckerentdecker Acharb (in Berlin); der Lampenverbesserer Arganb; u. s. w.

Sogar die bildende Kunst datirt vom alten Cenf her einige ihrer bedeutendsten Namen, so den Freund Vandycks, den berühmten Miniaturisten Jean Petitot, dessen Werke noch heute des Louvre's Schätze sind; dann den nicht minder berühmten Pastelliften Jean Liotard, den Jedermann jenem Dresdner „Chokolabmädchen" nach kennt; die Medailleurkunst kennt wenig größere als Jean Dassier. Unter den Porzellanmalern war Constantin der gefeiertste.

Und schlägt man sonst in den Büchern europäischer Geschichte nach, auf wieviel in anderer Art berühmte Genfer stößt man balb da, balb dort! Es würde ermüden, mehr als nur die bekanntesten Namen zu nennen. Hier Abt Bonivard, der „Gefangene von Chillon"; dort der große Hugenotte Agrippa D'Aubigné; ein paar Blätter weiter Kardinal Carboine; dann Baron Ezechiel Spanheim, Preußens Vertreter; die überreichen Theluffon, jetzt Lord's Renblesham in England; der Finanzminister Jaques Necker; der Jakobinerminister Clavière; der Minister Preußens, Ancillon; oder auf andern Seiten, der Admiral und Vizekönig Le Fort; be Vizeabmiral Du Pesme; der Brigabier Grenus; die Grafen Pictet und Bubé; General Vasserot; der Pair Frankreichs, Baron Obier; der Griechenwohlthäter Eynard, u. s. w.

Zudem jene Schaar berühmter Fremder die, von Milton bis Voltaire, von Goethe bis zu Byron, von Kapodistrias bis zu Guizot und Louis Napoleon ihre Villeggiatur am Leman hielten, und, zu Hunderten, manche bort ihre schönsten Werke schufen, so kann man wohl sagen, keine einzelne Stadt Europa's hat zur allgemeinen

Kultur solch ein überreiches Contingent gestellt, als das kleine Genf. Und den Ansatz hiezu verdankt man wohl dem Kalvinismus, die Lust, sich zurückzuziehen und tieferen Studien obzuliegen, seiner straffen finsteren sozialen Disziplin. Aber dieser Kalvinismus hatte hiezu eben nur den Ansatz gegeben, die spätere eigentliche Entwickelung, besonders in den Naturwissenschaften, geschah erst nach Absterben der Konsistorialmacht, und gerade als Opposition gegen ihren Geist. Man kann sagen, daß Genf in den nächsten drei Jahrhunderten Großes und Gutes hervorbrachte, geschah trotz der schädlichen Wirkungen des Calvinismus; was Genf aber in seinem Wesen an üblen Keimen ansetzte, die sich in den Jahrhunderten darnach allmählig zu kronischen Leiden und Krebsen auswuchsen, und noch heute hemmend nachwirken, das hatte allein der Kalvinismus diesem vorher so gesunden, Staatskörper und deren Gesellschaft eingeimpft. Als Kalvin nach Genf kam, gab es nicht eine Spur von Oligarchie, alle Bürger waren gleich, frei und von jenem heiteren Geiste der jenen paradiesischen Rebengeländen entspricht. Die Stadt war nur nothbürftig fortifizirt, die Umgebung voll von Landhäusern. Als Kalvin 1564 starb, waren Hunderte hingerichtet und verbannt, zwei Drittel mehr der Fremden als der Einheimischen in der Stadt, die ganze Bevölkerung zur stummen Masse herabgedrückt, die Autochthonen blos gedulbet, die Eingewanderten Herren, die Familien der Befreier bezimirt und entrechtet, dagegen die Regierung in einigen ergebenen, meist fremden Familien für immer erblich, die Stadt durch die Subsidien Englands, Hollands, überhaupt alles auswärtigen Kalvinismus quaratänenhaft fortifizirt, daher die Anschoppung so ungeheuer, daß man innerhalb jener Mauern auf die alten Häuser neue aufsetzte, und in diesem Dunst und Dunkel erstickt wäre, gäbe es nicht die „Bise" die manchmal ganz Genf so rücksichtslos durchfegt, daß man sich an die Wände halten muß, um nicht mit fortgetragen zu werden. Außer den Stadtmauern gab's nur noch Sujets, nämlich Bauern, aber die Städter entsetzten sich ob der lachenden Natur und dem brüllenden Gewässer; viele der Fenster nach dem See zu wurden kurzweg vermauert. Was die Reformationszeit irgendwo an widersinnigen Gräueln aufzuweisen hatte, in Genf wards überboten, an

Intoleranz, an Scheiterhaufen und Auspeitschungen, an Hexenprozessen, Proben des Bundes mit dem Teufel, Aufstöberungen von Ketzerlehren. Die Denunziation wurde staatsprinziplich soutenirt. Besonders Théodore de Béza, der Kalvin überlebte, betrieb all dies mit französischer raffinirter Lüsternheit. Die religiösdoktrinäre Seite des Kalvinismus hielt freilich nicht lange straff aus. Als Alfons Turretini im 17. Jahrhundert das Prinzip der Toleranz in die Genfer Kirche brachte, impfte er ihr damit die Keime der Zersetzung ein. Die Formen blieben noch lange starr fort, der Geist aber entwich. Noch gabs fort Sitten- und Trachtenpolizei, ja überhaupt erst seit diesem Jahrhundert darf in jenem kalvinischem Rom wieder Musik gemacht und getanzt werden. Doch die „Aristokraten", die regierenden Familien, die konnten bereits seit zwei Sekuli vorher machen, was ihnen überhaupt beliebte, als Angeklagte und Richter in einer Person. Sie behielten vom Kalvinismus nur dessen politische Einrichtungen bei, diese aber um so starrköpfiger und unmenschlicher. Kein gekrönter König des übrigen Europa's war eine solch geheiligte unfehlbare Person, als sich jene „kleinen Könige" von Genf dünkten. Auf jeden Widerspruch antwortete für sie der Henker. Man darf nur an Micheli du Crest, an J. J. Rousseau und andere, auch in Europa bekannte Namen erinnern! Genf überbot noch an Bornirtheit und Grausamkeit das stupide und despotische Patriziat von Bern; und das will viel sagen! Es gab in jener Republik vier Kategorien von Einwohnern. Erstens die Citoyens, auf nicht ganz 50 Familien beschränkt, die souveränen Geschlechter, die allein fähig der Aemter und Würden waren, und diese Befähigung erblich hatten. Zweitens die Bourgeois, welche erst im ersten oder zweiten Gliede das schwer erlangbare Bürgerrecht besaßen. Drittens die Habitants, völlig rechtlos, nämlich die Majorität aller Bewohner der Stadt, etwa 20,000 zu 200 Citoyens. Viertens und zuletzt die Sujets, nämlich die Bauern auf den Landbesitzen der Stadt, kurzweg Leibeigene.

Es versteht sich von selbst, daß jene geknechtete Majorität solche Zustände nicht auf die Länge ertrug, ohne nicht wenigstens zu versuchen, erleichternde Conzessionen zu erlangen. So brachen die Revolutionen und Emeuten von 1618, von 1707, von 1720, der Rousseau-Aufstand von 1762, die Revolution von 1770 aus; die Kämpfe zwischen den „Negativs" und den „Repräsentanten" wurden reich. Meist siegte die Regierungspartei, und wenn nicht, warf sie Knochen von Zugeständnissen vor, die später selbstverständlich nicht eingehalten wurden. Um aber diese Reaktion stets durchführen zu können, mußte der Schutz durch fremde Mächte gesichert sein. Seit Kalvin sah Frankreich Genf als ein ihm schon Verfallenes an, das man einmal beliebig einziehen könne, wenn es eben Zeit sei. In der Genfer Oligarchie gabs eine Majorität, die selbst so dachte, deren Söhne in Frankreich dienten, deren Kapitalien an Frankreich verliehen waren, und die den Genfer Gesandten alljährlich beauftragten, jene Riesenforellen des Lemans als Tribut zu überreichen, und anzufragen, ob Se. allerchristlichste Majestät noch der armen Republik huldvollst geneigt sei? worüber regelmäßig die ausführlichsten Gesandtschaftsberichte erstattet wurden! Eine andere Partei hielt es aber mit Bern, eine dritte mit Sardinien, natürlich auch ihrerseits aus keinem anderen Grunde, als den das Suzeränverhältniß gegen Frankreich motivirte. So schritten denn auch Bern, Sardinien, Frankreich vereint 1782 mit bewaffneter Hand in Genf ein, um die wieder einmal, und zwar mit großer Vehemenz angegriffene Oligarchie zu schützen. Es wurde erbarmungslos jegliche Konzession verweigert, alle früheren annullirt, der straffste Despotismus zum Gesetz erhoben. Besonders der Faubourg St. Gervais, dieser Herd alles Reformdranges, — die Kolonie am rechten Ufer der Rhône gelegen, heute der schönste Theil Genfs — sollte gebändigt werden. Diese stupide Aktion rief denn zuletzt auch blutige Reaktion hervor.

8) Die Schreckensherrschaft in Genf, vier Jahre dauernd, von 1794 bis 1798 brach so unerwartet als furchtbar herein. Agenten der französischen Republik hatten sich mit den Bedrückten in Genf verbündet; die in kalvinistischer Oligarchie nur mehr morsch wurzelnde Erbregierung wurde blutig und völlig aus ihrem Boden gerissen; es konstituirte sich ein Nationalkonvent, die Guillotine wurde auf dem Platze errichtet, auf dem heute der botanische Garten angelegt ist, Massenhinrichtungen, Verjagung aller „Aristokraten", Konfiskation und Einäscherung aller ihrer Besitzstände, Verbannungen „für ewig" lichteten

rasch den Staat von allen jahrhundertalten, eingewurzelt gewesenen Gestrüppe der Kalvin'schen Kategorien, und verbreiteten Schreck bei allen „Gutgesinnten" auch in der übrigen Schweiz. Was von den „Aristokraten" nicht geköpft worden war, floh an die deutschen Höfe, und ins Lager der französischen Emigration. So konsolidirten sich denn die Zustände insoweit wieder in Genf, daß die gemäßigte Verfassung von 1796 dort zum Durchbruch kam, welche die Guillotine, aber nicht mehr die Volkssouveränität und Rechtsgleichheit abschaffte. Nun dachte man, endlich nach Jahrtausenden, das Ziel erreicht zu haben. Jedoch Genf ist durch seine Lage kein Selbstzweck, sondern stets Mittel zu europäischen Zwecken.

9) **Genf als französisches Departement**, während 16 Jahren, von 1798 bis 1814. Als der Bonapartismus in Frankreich die Ueberhand gewann, hatte der Erste Consul nichts Eifrigeres zu thun, als sich Genfs zu bemächtigen. Er nahm Kalvin gewissermaßen beim Wort, das dieser etwa 250 Jahre vorher zuerst an sein Vaterland gerichtet hatte, „Genf gehört naturgemäß zu Frankreich; es ist die Pforte zur Schweiz, zu Italien, zu Deutschland." Seitdem sieht Frankreichs traditionelle Politik Genf als gesetzlich und national ihm zugehörend an, als ein ihm blos momentan „widerrechtlich Entrissenes." Als Napoléon Genf hatte, nahm er die Schweiz, und es ist überhaupt der Untersuchung werth, von welchem Einfluß und Vortheil es für alle übrigen Eroberungen des Ersten Consuls war, daß er bei seiner Unterwerfung Europa's Genf als Schlüssel aller Staaten, besaß. Eine Geschichte Napoléons von diesem Standpunkte aus ist aber noch erst zu schreiben.

10) **Genf als Schweizer Kanton**, seit 1814. Im Gefolge der Alliirten befanden sich die meisten der seit 20 Jahren vorher aus Genf verjagten „Aristokraten" in intimster Freundschaft mit jenen Diplomaten, welche darnach die heil. Allianz schufen. Besonders der geistreiche Pictet de Rougemont war in jenen Kreisen hochbeliebt. Als daher die Verbündeten gesiegt, war ihr erstes Thun, auch in Genf die „legitime Ordnung der Dinge" herzustellen. Man schloß die Republik dem Schweizer Bunde als 22. Kanton an, und um sie in solcher Ver-

bindung nicht eine zu klägliche Rolle als Territorium spielen zu lassen, schenkte man ihr, auf Zureden jener guten Freunde, noch einige Bröckchen außerhalb des Stabtgebiets, das Ländchen Gex, die Ortschaften Versoy und Carouge, und einige schmutzige savoyische Dörfer. Dafür mußte versprochen werden, von nun an, da durch diese Hinzuklebung die Majorität der gesammten, freilich nicht der städtischen, Bevölkerung eine katholische geworden war, auch diese Kirche als Staatskirche anzuerkennen. Somit war Kalvins Schöpfung in ihrem konfessionellen Theile für immer desavouirt; aber nicht in ihrem politischen. Die Verfassung vom 24. August 1814 erkannte zwar die Gleichberechtigung aller Bürger zur Wahl für den Repräsentantenrath der 278 an, aber dem Staatsrath der 28 stand die ausschließliche Initiative in der Gesetzgebung zu, er war letzte Instanz und geborner Richter. Die heimgekehrten Refugiés nahmen ihr Stellen und Rechte wieder ungenirt in Anspruch, als seien diese nie getilgt worden; ja man erklärte die 20 Jahre der Zwischenvorfälle als nie gewesen, als anullirt in den Gesetzbüchern; und man setzte die 1794 unterbrochenen Rechnungen mit der Jahreszahl 1814 fort! Anfangs ging alles Das sehr gut. Genf war der Mignon der heil. Allianz und ihrer Vertreter geworden; es warb durch seine Salons und all die Diplomaten, die Dichter und schönen Frauen des gesammten Auslandes zum „grain de musc, qui parfume l'Europe". Aber dieser entliehene Glanz hielt nicht lange vor. Als aus der heil. Allianz in ganz Europa die unheilige grausame Reaktion sich entpuppte, zogen auch die Genfer Erbherrn die Zügel straffer an, besonders die der Beschränkung der garantirten Preßfreiheit. 1841 kam's zur ersten Revolution. Das Resultat war eine neue halbe Konstitution. Die Konservativen behielten die Majorität in all den Rathskörpern, die Radikalen hatten blos im Gemeinderath das Uebergewicht.

Somit folgte denn 1844 die zweite Revolution, ein bewaffneter Aufstand. Aber die Regierung hatte genug der Milizen zur Hand, um nicht gestürzt werden zu können, doch nicht genug, um nicht Konzessionen und Amnestie ertheilen zu müssen. Endlich 1846 glückte es, „für ewig" die Konservativen, d. h. die Nachkommen der einstigen

„Aristokraten", die Erben der von Kalvin gegründeten „Oligarchie" aus der Regierung zu bringen, den Radikalen zu endgültigem Sieg zu verhelfen und den Führer dieser Bewegung, James Fazy, zum Präsidenten des neugebornen Staats zu wählen. Doch darüber im vierten Artikel.

Hier muß nur noch ganz besonders das Augenmerk auf die Achillesferse der Reconstituirung und Renaissance der Republik Genf durch die h. Allianz gerichtet werden. Die savoyischen Alpen einerseits, der Jura anderseits bilden nämlich die beiden Katheten, welche, beim Fort Lacluse zusammenstoßend, jenen spitzen Winkel ergeben, dessen Hypotenuse das Waadtland ist. Diese spitzwinkelige Mulde ist durch die Natur scharf ausgebildet, durch die beiden Gebirgsketten rechts und links völlig von allen Nachbarländern geschieden. Inmitten dieses spitzen Winkels liegt halbmondförmig der Genfersee von Genf bis Villeneuve als Wasserkern, dessen Schalen die schmalen Gelände der Ufer rechts und links bilden, welche, kaum meilenbreit, von den Alpen und dem Jura begrenzt werden. Der einfachste gesunde Menschenverstand müßte also darauf verfallen, daß bei einer Reorganisation europäischer Territorialverhältnisse in so unbeschränkter Art, wie solche 1814 der h. Allianz widerspruchslos möglich war, eine solche souveräne Entscheidung wohl dahin hätte ausfallen müssen: all das Land links und rechts um den See herum zu Genf zu schlagen, das man ja neuerweckt stärken wollte, und den Beginn von Frankreichs Grenzen jenseits der beiden Gebirgsketten zu verlegen, wohin sie ohnedies schon die Natur, die Geschichte, und die Bevölkerungsverhältnisse verlegten. Aber nein, jene h. Allianz, die nichts in der Welt ungeschoren, keine organisch oder historisch gewordenen Grenzen bestehen ließ, sich in Alles und Jegliches mischte um neue Eintheilungen zu treffen, aller Zukunft vorzubeugen, sie that dies Alles, aber stets und konsequent halb, halb für ihre Freunde, halb gegen ihre Feinde, nicht dem natürlichen Augenmaß nach, sondern in spielender Frivolität willkürlich Linien auf der Landkarte ziehend. Und so gab man denn Genf blos jene paar Dörfer, ließ Frankreich den ganzen jenseitigen Fuß. Der Jura, von Neufchâtel bis zum Fort Lacluse, und machte den savoyischen Theil zu neutralem Gebiet, b. h. bereit gelegt, daß wenn Frankreich je wieder erstarke, es sich auch das savoyische Ufer des Genfersee's nehmen könne; was denn auch Napoléon III. so unvorhergesehen als klug 1860 that; mitleidig die Achsel zuckend über all die beklamatorischen pathetischen Proteste. Was aber jetzt Genf in Folge dieser savoyischen Annexion ist, und was nothgebrungen das Endschicksal dieses geografischen Punktes von europäischer Bedeutung sein muß, das werden wir sofort aus Nachfolgendem ersehen.

IV.
James Fazy.

James Fazy ist geboren zu Genf am 12. Mai 1796. Er zählt also gute 68 Jahre. Seine Familie war ursprünglich eine italienische, die der „Bonifacio", welche schon in den Zeiten nach be Rerformation in die Stadt am Leman einwanderte, und dort durch Jahrhunderte wohl angesehen war. Einer seiner Vorväter errichtete in der eben durch die Volksbewegungen von jeher so verrufenen Vorstadt St. Gervais, am rechten Rhôneufer eine für damalige Zeit großartige Fabrik, in der auch J. J. Rousseau als Junge eine Weile Arbeit fand. In der „Genfer Genealogie" angelegt von Galiffe Vater, fortgesetzt von dessen Sohn, finden sich reichliche Daten über die Vergangenheit auch dieser Familie. Jedenfalls war gerade sie mit eine der oligarchischen, Fazy also im Genfer Sinne „Aristokrat" vom reinsten Wasser. Er begann auch, ganz getreu diesen Traditionen, seine Carrière. Noch ist seine Biografie nicht geschrieben, besonders nicht die seiner Jugend und politischen Konvertitenthums. Sein persönlich konsequentester Gegner, Theodore de Saussure hätte dazu die geeignetste Feder bei sichersten Quellen; und es ist überhaupt zu bewundern, daß weder seine Gegner, noch seine Freunde bisher versuchten, ein biografisch Charakterbild dieses jedenfalls bedeutenden Mannes zu entwerfen. Jene Biografien, die sich in den zahlreichen Konversationlexiken und derlei Sammelsurien französischer und fremder Literaturen vorfinden, sind durchgängig höchst oberflächliche, in den Daten mehr als flüchtige und konfuse, im Style konventionelle Zusammenstoppelungen, die man als Grundlage einer ernsten Arbeit nur höchst vorsichtig gebrauchen könnte. Soviel ist gewiß, James Fazy kam, wie die meisten Genfer, schon sehr frühzeitig in eine deutsche Erziehungsanstalt der Ostschweiz, irren wir nicht, zu Fellenberg. Deutsch versteht er von Grund aus, gibt aber vor, es seither wieder vergessen zu haben, und ist nur unter sehr Vertrauten zu bewegen, deutsch zu parliren. Gleichfalls wie alle reichen Genfer kam er auch schon sehr jung nach Paris: dann war er in Genf Mitglied jenes aristokratischen Cercle de la Five, in dem in den zwanziger Jahren Graf Rossi, Benthams Interpente Etienne Dumont, besonders aber der damals eben aus England zurückgekehrte Graf Camillo Cavour — durch seine Mutter, eine Delarive, den ersten Familien Genfs angehörend — den englischen Konstitutionalism predigten, und zugleich auch den Anglizism in Modeberichten, wodurch sich allerlei Leute von da ab John, James, William nannten, unter Anderen auch James Fazy.

Aber wie es heißt brachte der junge Aristokrat sein nicht unbedeutendes väterliches Vermögen rasch auf luxuriöseste Weise durch, warb von Gläubigern bedrängt, die zu Gläubigern zu behalten ihm übrigens sogar noch bis heute gelang — wie, wird sich später ergeben — und er ging wieder nach Paris, sich der Journalistik widmend. Sehr eifrig betrieb er auch nationalökonomische Studien, daneben nicht minder Poesie. Er ward bald einer der bemerktesten Journalisten, publizirte daneben einige Romane à la Walter Scott und einige Dramen, alle der früheren Geschichte seiner Heimath und deren Freiheitskämpfen entnommen, welche man übrigens heute für vergessen erklärt. Mehr Aufsehen machten seine Broschüren über den schädlichen Einfluß der französischen Bank auf den Handel (1819), seine Politischen und Filosofischen Gespräche (1821) über die Befestigung Genfs (1822) u. s. w. Inzwischen war er übrigens auch in Nordamerika gewesen, wo er besonders das „Volkseinpeitschen" lernte. 1826 gründete er in Genf das „Journal de Genève", das er aber durch seine Reibungen mit Frankreich bald wieder aufgeben mußte, und das nichts mit dem seitherigen gleichnamigen Organ der Konservativen gemein hat. Darnach schuf er in Paris mit andern Freunden den „Mercur français du XIX siècle", darin er „Briefe eines Amerikaners" schrieb, die viel Aufsehen machten. Einzelne dieser Artikel sammelte er darnach in einer Sonderschrift „der Einfluß der Privilegien und öffentlichen Anleihen auf den Credit und die Gewerbe." Als ihm die Zensur der Bourbonen zu stark zusetzte, gab er den Merkur auf, und kreirte das Journal „La Révolution et la Contrerévolution." Er gewährte darin auch den entgegengesetzten Meinungen Aufnahme und glaubte sich derart vor dem Rothstift sicher. Doch als schon im nächsten Monat die Julirevolution losbrach, rebuzirte sich sein Organ auf den Titel und die Tendenz „La Révolution". Er hatte am 27. Juli den Protest der Journale gegen die Ordonnanzen mitunterzeichnet, Tags darnach sich auf dem Hôtel de Ville etablirt, und die fulminantesten Plakate erlassen, dann die Wahl Louis Philipp heftigst bekämpft, und sich überhaupt zur radikalsten Partei geschlagen. In Geldbedrängniß, und da der Eigenthümer das Blatt an die Bonapartistenpartei steigerte, verkaufen wollte, legte Fazy die Redaktion der „Révolution" nieder, und trat mit dem vierten der von ihm gegründeten Journale auf, mit der „Revue républicaine". Aber nun regnete es Preßprozesse, er selbst fand als Fremder schwersten Stand, und zudem war in die französischen Republikaner wieder einmal Entmuthigung gefahren. James Fazy kehrte also 1833 nach Genf zurück. Er begann nun mit ebensoviel Scharfsinn als Leidenschaft, mit Gewandtheit und Zähigkeit seine seither nicht wieder aufgegebene Rolle als Demagog, Intriguant, Tribun, aber auch als berechtigter Anwalt unberechtigter Uebelstände, unterbrückter Volksrechte, und als unerbittlicher Feind der „verknöcherten Aristokraten" aufzutreten. Die Aristokraten behaupten, er sei Renegat geworden, weil sie ihm weitere Anlehen verweigert hatten. Er fand eine schon vielzahlige, aber kopflose Demokratenpartei vor, die ihm aber allein nicht genügte. Er fand auch die neueinverleibten Katholiken vor, deren Gottesdienst man zwar nichts in den Weg legte, ward er geheim betrieben, benen man aber konsequent die Bürgerrechte verweigerte, um ihr politisches Uebergewicht nicht aufkommen zu lassen. Fazy fand diese Ungerechtigkeit und diese schnöde Erfüllung der Verträge von 1814 gelegen. Rasch hatte er die Fusion der Katholiken und protestantischen Demokraten zu Stande gebracht. Er schuf dieser Fusion das Organ „La Revue genèvoise." Die „Aristokraten" sahen dem nicht ruhig zu. Alle Pfeile richteten sich auf James Fazy, den Landsverräther, der mit Hilfe der Katholiken Genf an Savoyen ausliefern wollte. Dieser alte Wauwau, die Reminiszenz der damals allerdings berechtigten Frucht früherer Jahrhunderte verfing aber jetzt nicht mehr. Der Anhang Fazy's wuchs. Er scharte all' das niedere Volk um sich, alles materielle Proletarierthum der Stadt und des Flachlandes, und die politischen Proletarier, die Katholiken. Nicht minder zündeten seine Schriften über Organisation der Arbeit, und über Heilung der Armuth der Massen, deren Tendenzen die Gegner als offengepredigten Kommunism denunzirten. An Zahl war seine Macht bereits groß, er wollte sie durch einen kühnen Schritt auch an Einfluß groß machen. Am 31. März 1841 ward unter seiner Leitung der „Revolutionsausschuß" eingesetzt. Dieser zwang wirklich die Regierung, am 18. Oktober 1841 in eine Revision der Verfassung zu willigen. Diese Revision entfernte in der am 2. Juni 1842 proklamirten auch in der That alle Reminiszenzen oligarchischer Prinzipe, aber als die Wahlen vorgenommen wurden, fielen sie in größter Mehrzahl anti-fazysch aus, und die „Aristokraten" kamen wieder praktisch zur Herrschaft. Den Spießbürgern genügten die Konzessionen auf dem Papier, sie schreckten vor Fazy's Demagogenthum zurück, und er erhielt, wie zum Hohne, blos eine Stadtrathsstelle. Der war aber nicht der Mann, sich von „Spießbürgern" imponiren zu lassen. Er brockte denn heiter den „Aufstand der Arbeiter" vom 15. Februar 1843 ein, welcher ihn entgültig durchbringen sollte. Doch dieser Putsch mißlang, aber auch die Sieger fühlten sich nicht stark genug, eine Amnestie zu verweigern. Sie schmeichelten sich sogar, Fazy zu entwaffnen, und nahmen ihn in den Staatsrath. Seiner Wirksamkeit in diesem hohen Amte soll es zu verdanken sein, daß sein Kanton als erster in der Schweiz die Schwurgerichte einführte. Aber es bereitete sich schon allmählig eine radikale Katastrofe vor. Ueber Fazy's Fusion der Katholiken und des Proletariats hatte sich, unter Leitung des jungen Berners, Albert Galeer, eine reine Demokratenpartei gebildet, mit allgemein schweizerischen Tendenzen, Todfeinde aller Oligarchie in der gesammten Schweiz, welche durch die Genfer am ersten zu siegen hoffte. Als daher die Sonderbundsfrage auf's Tapet kam, die Genfer Regierung aber zu warten vorzog, organisirten die Galeerianer den Genfer Aufstand vom 5. Oktober 1846. Als die Regierung dagegen Truppen zusammenzog und Arretirungen vornehmen ließ, griff die Demokratenpartei zu den Waffen, und vereinigte sich mit der Fusion Fazy's. Die Unzufriedenen verschanzten sich im Faubourg St. Gervais, der am 7. Oktober von den Regierungstruppen beschossen wurde. Der Kampf war weder sehr blutig, noch entscheidend. Doch eben die Furcht der „Spießbürger", denen vor Schlimmerem bangte, half rechtzeitig aus beiderseitiger Verlegenheit. Der Staatsrath ward völlig überredet zur Abdankung. Dies geschah am 9. Oktober und die vereinigte radikale Partei benützte höchst geschickt den Vortheil. James Fazy persönlich — was seitdem evident eruirt ist — glaubte nicht viel an Erfolg. Er war eben im Begriff abzureisen, als Galeer ihm die Kunde des Siegs brachte. Nun war er aber der Mann dazu, solche unverhoffte Gelegenheit zu ergreifen. Er stellte sich an Spitze der neuen Mitglieder der provisorischen Regierung. Am 25. Oktober trat ein neuer großer Rath von 90 Mitgliedern zusammen, der sofort Fazy als Haupt erkannte, und die seither geltende, wirklich radikal demokratische Verfassung schuf. James Fazy ward Präsident der Republik Genf. Er ließ von da ab ebensoviel Segensreiches ins Leben treten, als er schlau in Allem, darin er nachgeben mußte, die Intiative ergriff, um sich das Verdienst zuzuschreiben, während er sich ebenso schlau mit den unbedeutendsten Kreaturen umgab, die er bei allen mißliebigen Schritten oder Fehlgriffen nach Bedarf desavouiren konnte. Da schon seit Jahrhunderten die Schleifung der Festungswerke die brennende Frage aller Genfer Reformbestrebungen war, und Fazy sie gewiß jetzt nicht mehr hätte verschieben können, gab er das Signal dazu dem Volk als sein Geschenk. Er betrieb diese Schleifung energisch, da sie auch persönlich in seinem Interesse lag; denn als sich die Baustellen ergeben hatten, ließ er sich eine der bedeutendsten unter selben, im Faubourg St. Gervais, von der „dankbaren Nation" schenken, verkaufte davon $2/3$ um sich Geldmittel zu schaffen; und baute sich sein Prachtpalais, an dem er jedoch noch heute die meisten Baukosten schuldig ist. Die Verfassung ist, auf dem Papiere, die freieste, ja radikalste der Welt. Die Katholiken sind gleichberechtigte Bürger, die lutherische und die katholische, sowie die jüdische Konfession sind Staatskirchen, die kalvinische mußte sich nach Caurforts zurückziehen und selbst erhalten — übrigens ist jegliche Konfession gebuldet, auch die der Mormonen. Der Held, der den Ausschlag in der ultramontanen Sonderbundsfrage gab, indem er die Herrschaft seines Kantons erlangte und diesen zur Entscheidung gegen den Sonderbund bestimmte, bulbete nicht blos, er soutenirte daheim den ärgsten savoyischen Ultramontanism, ließ ihm auf Staatskosten Dome bauen, und empfing ihn als Bundesgenossen in seinem Hause. Ueberhaupt hat er Kalvins bewährten politischen Grundsatz neu akzeptirt und noch massenhafter durchgeführt. Um die unliebsamen Einheimischen zu ersticken, wurde der Einwanderung jeglicher Vorschub geleistet. Der Kanton Genf hatte 1846 etwa 40,000 Einwohner, er hat heute über 80,000, hatte schon 1850 über 64,000. Es genügt, einen Schweinestall auf bortigem Territorium als eigen, oder sechsjährige Anwesenheit, oder ein leicht erfundenes Verdienst um den Staat b. h. um James Fazy, ausweisen zu können, oder eine Eingeborene zu heirathen, um gegen wenige Sous Bürger zu werden. Der Schweizer anderer Kanton ist ohnehin in jeglichem — seit 1848 — wahlfähig. Die Flüchtlinge nach den Ereignissen von 1848—1849 stellten sich tausendweise ein, am meisten Franzosen, die auch am liebsten gesehen, am konsequentesten bei Auslieferungsanforderungen verweigert werden. So ergab sich bald aus $2/3$ der Einwohner eine Fazy-Partei. Von dieser wird später die Rede sein.

Als sich nun Fazy im Absolutism seiner Präsidentschaft sicher genug glaubte, emanzipirte er sich von der Demokratenpartei, glaubte mit seiner Fusionspartei und mit Hilfe der Eingewanderten völlig fest zu stehen. Albert Galeer, bem Fazy das Genfer Bürgerrecht, und den Posten als Großrathsübersetzer als Entschädigung vorgeworfen hatte, wurde plötzlich verdächtigt, verfolgt, seiner Stelle entsetzt. Geb. 1831 zu Bern, starb derselbe, erst 23 Jahre alt, 1852 zu Genf. So lange dieser geniale Führer lebte, hätte er wohl nie, auch nicht im gerechten Haß gegen Fazy, in eine Fusion seiner Partei mit den ihm noch mehr verhaßten „Aristokraten" gewilligt. Aber nach seinem Tode that dies seine rathlose verwaiste Partei, und zwar mit der Entschuldigung: „Warum nicht? wenn uns Fazy das schöne Beispiel seiner Allianz mit den Ultramontanen gab und fortwährend gibt?" So kam es denn, daß James Fazy im Nov. 1853, nach erster siebenjähriger Dauer seines Radikalismusregimentes, vom Präsidentenstuhle gestürzt wurde, und zwar mit großer Mehrheit. Die Aristokraten kamen dadurch nicht wieder zur Regierung, blos mit bescheidenem Antheil in die Verwaltung; aber sie waren nun der bisher gegen sie geübten Pöbelherrschaft frei, wußten ihre Fenster vor Steinen, ihre Dächer vor Zünden sicher. Die Demokratenpartei regierte, die alle Prinzipe anerkannte, welche sie ja durch Fazy's Mund bei Gründung der Constitution von 1846 hatte aussprechen lassen, und nahm alle Radikalen mit in ihren Kreis, die sich von der Persönlichkeit Fazy's lossagten.

Aber der „Reorganisator von Genf" sah sich durch diesen Sturz nicht blos politisch, auch sozial und persönlich in peinlichster Verlegenheit. Er hatte nämlich von 1833 an solch eine Kette größerer und kleinerer Schuldposten — bis hinab zur Zeche in Wirthshäusern — aufsummen lassen, und seine Präsidentschaft damit eingeweiht, daß er „im Interesse der persönlichen Freiheit" den Schuldarrest „für ewig" aufhob. Damit glaubte er nicht nur die Vergangenheit getilgt, sondern auch für alle Gegenwart und Zukunft sich gesichert. Deßhalb blieb er denn auch die Baukosten für sein Palais schuldig, das sich prachtvoll auf jenen Baugründen erhob, die ihm die Nation geschenkt, und wovon er überdies ⅔ versilbert hatte. Man wird später erfahren, weßhalb überhaupt dieser Mann stets so viel gebrauchte. Genug, sobald er entpräsidentirt war — wobei er überdies noch den Präsidentengehalt von 15,600 Franken Jahresrente verlor — bedrohte ihn nicht nur die Möglichkeit: man werde etwa den Schuldarrest wieder herstellen, und dann das Heer seiner Gläubiger um so rachsüchtiger über ihn herfallen, er hatte durch ein anderes Malheur sogar auch vor Criminalprozedur zu bangen. Er war nämlich der Gründer der famosen

„Caisse d'Escompte", einer Crebitanstalt der Radikalen, bei der aber Tausende der Arbeiter seiner Partei ihre mühseligen Ersparnisse angelegt hatten. Der Direktor dieser Bank — noch heute im Kerker — hatte ohne Fazy's Wissen und Willen, durch seine eignen Schwindeleien einen Bankrott herbeigeführt. Nun stand denn wirklich Fazy's Existenz und Zukunft auch bürgerlich auf dem Spiele. Nicht mehr Präsident, sondern vielmehr Unterthan einer ihm feindlichen Regierung, von all den Spießbürgern als seinen erbitterten Gläubigern verfolgt, und nun gar noch den Forderungen seiner eigenen Partei, der Radikalen, ausgesetzt, die ihn in Emeuten für ihre Verluste verantwortlich machten, gehörte in der That eine gewisse höhere Raubthierintelligenz dazu, als schwer bedrängter Fuchs oder Wolf dennoch dieser allseitigen Umgarnung zu entkommen. Fazy entwickelte aber noch höhere, wenn auch nicht um vieles edlere Intelligenz. Er ging aus diesem Kampfe sogar als politischer Sieger hervor, und schwang sich wieder auf den Präsidentenstuhl. Er begab sich nämlich nach Paris, verkehrte viel im Palais Royal, ließ sich in Verhandlungen ein, über deren Natur noch bis heute nichts Bestimmtes nachgewiesen werden konnte — aber die Thatsache steht, ward von Fazy's Organen triumphirend bestätigt: der Expräsident kam aus Paris zurück „beladen mit Millionen". Es ist weder klar, wer ihm diesen „schnöden Mammon" gab, noch wie viel eigentlich die Summe betrug. Die erfreuten Genfer aller Parteien erzählten beim Bier von 50, beim Wein von 100, beim Absynth von 200 Millionen, die ihr Jason mitgebracht haben soll. Es war eine Negotiation, vermittelt für die bis dahin erst schwach dahin lebende „Banque Générale Suisse", welche nun mit so reichen Fonds der „Caisse d'Escompte" aus schwerster Verlegenheit half, James Fazy eine sofortige große Prämie auszahlte, zugleich aber ihm auch eine lebenslängliche Rente zusicherte, und daneben seine Freunde, Dr. Karl Vogt, General Klapka, und bei der Filiale in London F. Freiligrath, als „Verwaltungsräthe" und in sonstigen Beamtungen unterbrachte. Nun wirkt auf den Schweizer überhaupt, auf den Genfer aber insbesondere nichts mehr achtungerregend, als der Klang schnöden Mammons. Haben die Genfer doch von sich selbst seit Jahrhunderten das Sprichwort im Schwunge, „Quand vous verrez un Genévois se jeter par la fenêtre, vous pourrez vous y jeter après lui; il y aura au moins cinq pour cent à gagner!" Die damals regierenden Demokraten unterschätzten daher gar sehr die Wirkung dieses finanziellen Zauberstückleins nicht blos auf die Radikalen, sondern auf die ganze Bevölkerung; sie wähnten sich zu sicher in ihrer Majorität, waren daher in den Vorbereitungen zu den Wahlen zu lau. Fazy dagegen ließ durch John Perrier seine seither gebildte Kaisergarde, die Fruitiers, seine Appenzeller Leibhusaren, jene Käsehändler mit den langen Messern — von denen auch noch die Rede sein wird, — jenes Mal zuerst ins Feuer führen. Der Wahlakt ward durch sie auf die brutalste Art terrorisirt, und James Fazy bestieg nach zweijähriger Angst und Noth wieder den Präsidentenstuhl, im November 1855. War er aber bei früherer Präsidentschaft blos rücksichtsloser Bahnbrecher und Vorfechter der Prinzipien seiner Partei, Raseur aller Reminiszenzen oligarchischer Vergangenheit, also bei aller persönlichen Brutalität im Ganzen höchst wohlthätig wirkend, den alten Schutt rasch aufräumend, das ganze Terrain demokratischen Staatswesens sehr frei und aller Bewegung offen, lichtend — so verwandelte er von nun an seinen Präsidialstuhl höchst ungenirt in einen Autokratenthron, und noch dazu in einen Thron des Sansculottismus, des Terrorismus und des Skandals. Denn bei dieser Periode angelangt, kann es kurzweg ausgesprochen werden: an der Genfer Freiheit, wie sie die Constitution von 1846 gab, war Alles gut, ausgenommen Fazy. Diese Freiheit wäre eine musterhafte für Europa, würde sie nicht unter der Willkür eines einzigen Mannes, wie James Fazy, stehen, der sie obendrein nie aus Gründen der Staatsraison, stets nur aus rein persönlichen hemmte, und nach Belieben lenkte. Und wenn der Großmogul drohen würde, so wird doch wirklich nie Jemand aus Genf ausgewiesen, oder gar ausgeliefert, auch nicht wenn er sich gegen Genf selbst verschuldete, und nicht wenn dieser Staat durch solch einen Schutz in größte Verlegenheit käme. Aber nicht blos Ausweisung, direkt — und somit biagonal gegen die Genfer Prinzipe von 1846, die der Schweiz seit 1848 — Auslieferung erfolgte sofort, Arretirung auf öffentlicher Straße, zudem brutalste Gerichtsprozedur, war irgend Jemand

James Fazy persönlich unangenehm, oder hatte er persönliche Gründe
wieder einmal momentan mit dem Bund, oder mit einer auswärtigen
Regierung auf gutem Fuß zu stehen. Solch autokrater Despotismus
erfolgte unwiderruflich solchen Falles, auch wenn dadurch Genf oder den
Genfern selbst der empfindlichste Schaden zugefügt wurde, oder dabei
das Vermögen und die Interessen der eingebornen Bürger mit auf
dem Spiele standen. Derlei Behauptungen zu beweisen, ja dem Auslande
nur glaublich zu machen, muß auf das Feld persönlichen Skandals
eingetreten werden. Die redlichen und wahrhaft freiheitliebenden Gegner Fazy's und seiner Partei werfen dieser eben vor, daß sie jegliche
Frage mit schimpflichsten, ehrenrührigsten, und noch dazu meist frech
erlogenen persönlichen Ausfällen und Prostituirungen beginnt, fortsetzt
und abschließt, jegliche andere, eblere Waffe verschmähend. Die politi-
sirende Diskussion in Genf hat denn schon längst, in der Presse wie
auf der Rednerbühne, einen Styl und Schwung erlangt, daß der exal-
tirteste Amerikaner beschämt durch diesen Vergleich die Segeln streichen
müßte. Es liegt daher schwerstes Bedenken vor, Gleiches mit Gleichem
vergelten, auf dasselbe schmutzige Terrain der Personalien eintreten zu
sollen; ein Bedenken, das mehr noch ästhetischen, als moralischen Gründen entspringt. Aber wenn Verhältnisse eines ganzen Staates nur von
einer Person repräsentirt werden, und überdies nur durch die persönlichen Eigenschaften dieses einzigen Repräsentanten hervorgerufen werden, dieser aber diese Thatsache nicht nur nicht läugnet, vielmehr höchst
wohlgefällig und in frivolster Herausforderung zur Schau trägt, durch
alle seine Organe stets verkünden läßt, er wisse wohl dies sei gegen
die Grundprinzipe des Staates dessen Monarch er nicht ist, dessen er-
wählter erster Beamter er blos zeitweilig ist, — mais tel est mon
bon plaisir! — so kann man über solche Verhältnisse ja überhaupt
nicht sprechen, scheut man sich vom Erzeuger und Träger derselben, und
von enen seinen persönlichen Eigenschaften, Schwächen und Laster zu
sprechen, auf Personalien einzugehen! Genf ist aber eine zu wichtige
Frage für ganz Europa, und was dort vorbereitet und angebahnt,
mürbe gemacht wird, kann einst, vielleicht sogar bald, zur lebensent-
scheidenden europäischen Angelegenheit werden, und zwar gerade durch

James Fazy's persönliche Neigungen und Consequenzen, daß dann in der That nichts überbleibt, will man Europa, und zunächst die Schweiz noch rechtzeitig vor einer wahrlich nicht blos erträumten Gefahr warnen, auf eine Achillesferse aufmerksam machen, als den Ekel vor skandalösen Personalien zu überwinden, und auch der Welt ungeschminkt zu erzählen, was ohnehin schon seit Jahren Jedermann in Genf, wie in der gesammten Schweiz ungenirt erzählt, und woraus eben der 22. August 1846 nothgedrungen hervorwachsen mußte. Ohne Kenntniß dieses seit Jahren dort abgelagerten Skandalhumus wäre weder die Parteistellung dort eine solche, noch eine europäisch gefährliche, sondern blos eine von lokaler Bedeutung. Doch der Punkt, wo all Das geschah, und dadurch die Consequenz, wohin solche Corruption führen muß, sind von altgeschichtlicher Bedeutung, und um diese Bedeutung zu erkennen, muß man wissen, was eigentlich geschehen ist, und zuletzt, um solchen scheinbaren Nonsens glauben zu können, muß man die Eigenschaften Desjenigen kennen, dessen Bedürfnisse solche Zustände herbeiführten.

Um jedoch die Argumentationskraft dieser Thatsachen nicht durch Aufkommen des Verdachtes zu schwächen, als entspringe die Initiative zu solchen Enthüllungen subjektiv beschränkter und engherziger Moralanschauung, prüden und rigorösen, aszetischen Sittlichkeitsbegriffen: so ist von vornweg zu bekennen, daß der Schreiber dieser Zeilen sich nie berufen fühlte, bei Privatpersonen den moralisirenden Splitterrichter zu spielen, daß er überhaupt Tugend und Laster nur vom Standpunkte des historisch entstandenen Gesellschaftsvertrages, nicht auch in abstracto anerkennt, und ganz die Ansicht Anselm Feuerbachs theilt, daß der Staat und die Gesellschaft sich um nichts zu kümmern haben, was sie nicht feindselig berührt, und was blos moralische Sünde genannt werden kann. Es würde daher dem Autor dieser Enthüllungen nicht entfernt einfallen, auch nur das Wort auf Fazy's chronische Manie des Schuldenmachens, auf seine und seiner Anhänger sexuale Gelüste und derlei Thatsachen zu vergeuden, und Skandalgourmands Leckerbissen zu liefern, beträfen diese nicht leider die Sache selbst. Aber wenn man mit seinen, persönlich immerhin noch zu duldenden, oder doch tolerirbaren Privatlastern einen ganzen Staat ansteckt, in selbem dadurch die ärgsten sozialen und politischen Eiterungen hervorbringt, die auch künftige Generationen schon im Keim vergiften können, dessen sich aber nicht blos rühmt, sondern die That gewissermaßen als politische Nothzucht vollbringt, dem übrigen Europa aber, und besonders allen wirklich Freiheitsanstrebenden wie zum Hohn ins Gesicht behauptet, dieser autokrat-sanskulotte Despotismus sei der allem Ideal der Menschheit entsprechende, allein erlangbare Gegensatz des monarchisch-autokraten Despotismus — da haben alle Rücksichten zu fallen, welche jeder Privatmann dem Privatmann schuldig ist, da muß der Wissende als Ankläger im Namen der Freiheit und des Rechts eben so ungenirt und bedenkenslos vor die Oeffentlichkeit treten, als der Anzuklagende seine Frivolitäten ungenirt, und bedenkenslos vor aller Oeffentlichkeit beging, ja sich derselben noch als Thaten des Rechts rühmte.

V.
James Fazy's Personalien.

James Fazy ist heute 68 Jahre alt. Er ist den Jahren, aber nicht seiner physischen Constitution, noch seinen persönlichen Leidenschaften nach Greis. Obgleich schon mit eingekniffenen Mundwinkeln und täglich mehr sichtbaren Runzeln, ist seine Fysiognomie doch noch die eines energisch Wollenden. Die Stirne dominirt bedeutend den ovalen Schädel, denn es ist jedenfalls die eines scharfen Denkers, aber sie dominirt nicht genug, um nicht auch den unteren, sinnlichen Partien, besonders den Kauorganen, charakterisirendes Uebergewicht in der ganzen Fysiognomie erlangen zu lassen. Der Mann sieht wie ein recht intelligentes Raubthier aus, zu welchem Typus noch der unsichere, fast scheue, aber doch fühlbar scharfe Blick jener durch Augengläser vor Beobachtung doppelt geschützten Augen beiträgt. Von Gestalt ist Fazy über mittelgroß, in ganzer Figur nichts weniger als schwächlich angelegt, nicht fett, aber mit Anlage zum Vollbauch, was ihn schon jetzt schwer gehend erscheinen läßt, und mit starken Schultern, daher er etwas vorgebeugt schreitet, weniger durch Alter, als trüge er eine unsichtbare

Laſt, die von Sorgen. Sein Coſtüm iſt meiſt abſichtlich engliſch, aber ohne jene Sauberkeit und jenem Gentlemanſchliff, au dem man eben zumeiſt den echten Engländer erkennt. Fazy trägt lieber eine brillirende Buſennadel, oder ein himmelblaues Seidenhalstuch, aber nicht ſtets ein friſches Hemd. Bernoulli hat ſich über dieſen Parvenuzug der Genfer ſchon vor zwei Jahrhunderten höchſt berneriſch derb ausgeſprochen.

Fazy kann ſehr liebenswürdig und ſehr geiſtreich ſein, will er eben Jemanden bezaubern oder bethören. Für gewöhnlich jedoch iſt er beſtändig mürriſcher, faſt zorniger Miene, und ſchauzt gerne die Leute an, die ihm ungelegen kommen, wobei er mit kurzgeſtuztem Schnurbarte noch mehr einem knurrenden Köter gleicht, als gewöhnlich. Rückt ihm Jemand mit gar zu ſchlagenden Gründen auf den Leib und gehen ihm die eigenen aus, ſo liebt er es, nicht ſowohl grob zu werden, als vielmehr enragirt zu ſchreien, um ſich ſelbſt durch ſolch Schreien in moraliſche Entrüſtung zu bringen, die Worte des Gegners aber zuzudecken. Seine Stimme iſt ſtark, aber kreiſchend. Am beſten ſpricht er, wenn er am gemeinſten ſprechen kann, vor wiehernden Volkshaufen; dann iſt er zündend und witzig, und hat all die kleinen Lichterchen des Genfer Patois auf der Palette.

Obgleich ſelbſt wie ein Fürſt eingerichtet, und beſonders auch Kunſt pflegend, — jedoch nur von radikalen Malern, nur von Franzoſen und Genfern, und nur von ſtark patriotiſchen und radikalen Szenen — zieht er doch am liebſten ſoziale Lumpen, oder vierſchrötige Patzenwitzlinge etwas feinerer Geſellſchaft, ſogar in eigener Partei, vor. Es amuſirt ihn, recht derbe Zoten, recht ungenirte Ausdrücke zu hören, in Hemdärmeln zu ſitzen, nie Widerſpruch zu hören, nicht einmal in Geſchmacksſachen, und er wird es nie müde, die banalſten Fraſen über „Ariſtokraten" loszulaſſen, oder zu vernehmen, und er ſelbſt erträgt dabei den ſtärkſten Tobak ungewaſchenſten Enthuſiasmus für ſeine Perſon, oder ſeine Prinzipe und Verdienſte. Aber der Mann iſt dabei ſelbſt nichts weniger als etwa ein Bierbankkaliban, im Gegentheile, von höchſt ariſtokratiſchen Alluren und Geſchmack. Er duzt ſich ſeit Jahren mit John Perrier und Conſorten, nämlich mit Perſonen, die ſchon aus allen Wirthshäuſern geworfen wurden, und von den Arbeitern geprügelt werden, unterstützt diese auch mit Geld, wo er kann, leiht ihnen seine Hemden, und ladet sie zu seinen Orgien. Dagegen einem General Klapka oder anderen, wenigstens äußeren Gentlemen gegenüber, verhält er sich auch im vertrautesten Umgange etwas genirt, daher kühl, kommt mit ihnen gerne bei Festdiners, aber nicht bei privaten zusammen, und nimmt die Miene eines Finanzministers an, wenn auch solche ihm ihre Schuldennoth klagen.

Dem Volke gegenüber benimmt er sich, ists nicht eben Wahlzeit, eben so mürrisch, ja grob, als wollte er sagen „bleibt mir vom Leib mit diesem Kanaillenpack." Er dankt kaum, wenn ihn Blousiers grüßen. Hat von solchen Leuten Jemand eine Forderung an ihn, so schreit er ihn gewiß an, braucht er ihn nicht eben politisch, oder kehrt ihm verächtlich den Rücken. Da er noch vielen Personen, besonders Krämern, Arbeitern und Wirthen schon seit 30 Jahren, oft höchst unbedeutende Posten, schuldig ist, aber konsequent die Achseln zuckt, scheint ihm der Mann nicht wichtig: so setzt er sich natürlich auch oft Insulten aus, besonders bei einer Freiheit, die eben er — und das ist sein Verdienst — mitbegründen half. Einmal rief ihm ein Handwerker auf offener Straße nach „Bezahlt mich endlich, Lump, um meinen Kindern Brot zu schaffen!" Ein andermal pfiff das, stets nur aus dem Abschaum jener untern Genfer Bevölkerung bestehende, Publikum aus bloßer Raillerie allabendlich eine andere Sängerin aus, die der neue, unbeliebte Theaterdirektor vorführte. Dieser wendete sich endlich an Fazy, der jeden Abend in seiner Loge anwesend war. Nun muß man wissen, daß in Genf Niemand das Theater zu besuchen pflegt, als direkt nur der Pöbel, und einige Herren Radikale, die sich in solcher Plebsjauche wohl befinden. Da nämlich der Kalvinismus in Genf selbst nie ein Theater gestattete, und historisch bekannt auch Jene perhorreszirte, die einst Voltaire auf den Delices besuchten, das große Theater in Genf aber während der Franzosenherrschaft, den Eingebornen zum Trotze, erbaut wurde, so ist es für die „Aristokratie" nicht blos Sache des Bontons, noch mehr Nationalpflicht, ja nie jenes Theater zu betreten. Das Publikum dagegen, das allabendlich doch alle Räume füllt, sind die Arbeiter von Carouge und St. Gervais,

— also Fazy's Stützen und Anbeter — in deren Mitte sich hin und wieder einmal ein harmloser Tourist mit Frau und Tochter vereint, die aber sogleich Reißaus nehmen, sehen sie sich von Hetären umgeben, hören sie den auch während der Szene nach Belieben losbrechenden Charivari, das Trommeln und Gepfeife in den Zwischenakten, besonders aber fliegen auch ihnen unter ungeheurem Gelächter Eier und Aepfel, wenn nicht Weicheres, an den Kopf. Doch die Regierungsmitglieder, und dann höchstens noch Sir Robert Peel und der Neapolitaner Baron Rothschild vertragen stets heiter diese Atmosfäre, besonders der „schönen (!) Blumenmädchen" wegen. An einem jener Abende nun, als der neue Direktor schon zu sehr in die Enge getrieben war, erschien plötzlich und höchst unerwartet Sr. Exzellenz der Herr Präsident der Republik, Louis I. persönlich auf der Bühne, wendete sich dem erstaunten Publikum zu, und hielt, auffallend ärgerlich, eine Filippika gegen diese „Lausbüberei" u. b. Die athemlose Stille dauerte aber nur, bis man merkte, was der Mann eigentlich wollte? Dann aber ging ein Schreien und Brüllen los wie in einer Arena voll Büffeln und Schakals, dem Oberhaupt des Staates wurden die allerinfamirendsten Titulaturen zugerufen, und im Nu war der doch immerhin alte Mann von einer Lawine von Eiern, Aepfel u. s. w. fast zu Boden bombardirt. Er hatte nur noch Zeit, mit der Faust wüthend dem Publikum zu drohen, fand es dann aber angemessen, rasch zu verschwinden.

Eine andere Prostituirung seiner Person wurde sogar von ihm zu einem Versuche benützt, durch Sentimentalität einen Staatsstreich herbeizuführen, was aber völlig mißlang. 1861 suchte ihn ein Arbeiter im Präsidialbureau wegen einer Forderung auf; der Monarch der Republik aber drohte, ihn hinauswerfen zu lassen. Somit ging denn der Mann, paßte aber dem Beleidiger auf dem Pont des Bergues auf, und als Fazy Mittags die stets von Spaziergängern volle Brücke passirte, um zu sich heimzugehen, ward er von dem Handwerker am hellen Tage mittels ein paar Ohrfeigen empfangen. Alle Welt sah dieser Brutalität und Feigheit ruhig zu, ohne zu interveniren, wie ein junger kräftiger Mann einen Greis insultirte, und dann ruhig seiner Wege zog. Fazy klagte hierauf bei den ordentlichen, durchgehends von seinen Parteigenossen besetzten Gerichten, und zwar auf Majestätsbeleidigung des ganzen Volks in der Person seines Präsidenten. Doch eben die Richter seiner Farbe entschieden für Privatbeleidigung, und verurtheilten den Mann, als hätte er den nächstbest andern Bürger insultirt. Fazy legte sofort die Präsidentenstelle nieder, was nicht gefährlich war, da seinen Kreaturen die Regierung verblieb. Als er jedoch sah, daß diese Pointd'honneurpose nur Gelächter erregte, ließ er sich wieder wählen, und arrangirte eine Deputation seiner Leibgarde, die ihn bat, die Wahl gnädigst anzunehmen und dem dummen Volke zu verzeihen.

Man wird sich berechtigt wundern, und an der Glaubwürdigkeit solcher Thatsachen zweifeln, da man nach gewöhnlicher Logik doch glauben muß; ein Mann, der einen ganzen Staat nach seiner Pfeife tanzen macht, mit seiner alle andern Parteien bezwang und in Schach hält, wisse doch gewiß seine eigene Partei zu beherrschen, und imponire ihr wenigstens wie ein Feldherr seinen Soldaten, sie in straffer Disziplin zwingend, wenigstens ihm selbst persönliche Achtung zu zollen? Aber merkwürdigerweise nichts von Alledem bei Fazy, sondern gerade im Gegentheile: Niemand treibt mehr Schindluder mit dem Autokraten als seine eigene Partei, das niedere Volk, der süße Pöbel und Janhagel. Wenn ihm Jemand bei unvermeidlichem Zusammentreffen achtungsvoll begegnet, so sind es jene Männer gebildeter Klassen, die ihn auf politischen Terrain prinzipiell bekämpfen, im Leben aber auch dem Feind nicht die konventionelle Politesse versagen. Und denen allein gilt er auch wirklich als bedeutende, wenn gleich feindliche und inmoralische Größe an Geist und Willen. Die allein anerkennen, was er in Genf geschaffen, welch eine großartige, wenigstens äußere Umwandlung er hervorgebracht, und in Kürze energisch durchgeführt hat, wenngleich durchaus nicht in ihrem Sinne, und nicht mit Mitteln, die ihre Ehrlichkeit billigen kann. Dagegen gerade die Radikalen, vom Blousemann bis hinauf zu den Gliedern seines Ministeriums, sie alle betrachten, behandeln und besprechen Fazy ohne Rückhalt als Lumpen, was er doch wenigstens für sie nicht ist.

Wird man diese Thatsache inne, dann erscheint es um so ärger als Widerspruch oder Räthsel, daß dieser Mann doch offenbar, — und einzig und allein nur Er im ganzen Staate — Alles thun konnte, was ihm eben gelüstet, mit einem Autokratismus der eigentlich nur bei einem Charakter denkbar ist, welcher entweder das Volk mit eiserner Faust in Händen hat, oder welcher vom Volke blind angebetet wird. Er besaß aber wirklich diese Gewalt, vielfach trotz entschiedensten Protestes seiner eigenen Partei, setzte alles durch was er eben wollte, und nicht blos Politisches, sondern rein Persönliches, jeden subjektiven Haß, wie jedes Gelüste.

An Gelüsten nun ist er nicht bescheiden. Vor Allem gehört er zu den Gastronomen, die aus seinem und reichlichen Tisch in ungenirter Gesellschaft einen direkten Kultus machen. Auch seine Weine liebt er, aber nicht bis über einen bloßen Spitz hinaus.

Dann ist der Achtundsechzigjährige seit zehn Jahren verheirathet. Vielleicht ebensosehr aus Anglomanie und aus Raillerie gegen seine aristokratischen Standesgenossen, wie aus kulinarischer und sexualer Vorliebe holte er sich die Gattin seiner Wahl aus den Reihen der ehrsamen Köchinnen. Doch Madame Fazy soll eine anständige, und nicht sehr glückliche Frau sein, wenigstens macht sie wenig von sich sprechen, was schon an sich für eine leiblich ordentliche Frau spricht, und erwähnt man ihrer doch, so geschiehts auch von Seite der Gegner mit mitleidiger Achtnng. Seine übrige Familie scheint nicht auf sehr guten Fuß mit ihm zu stehen, denn sein Bruder verläugnet diese Verwandtschaft und lebt zurückgezogen; sein junger talentvoller Neffe dagegen, der in Gelehrtenkreisen bereits eingebürgerte Henri Fazy — gibt sich gar nicht mit Politik ab, und wird auch von den Aristokraten empfangen.

Umsomehr macht jedoch James Fazy's Schwägerin von sich sprechen, und es scheint, diese hätte seinem Charakter und Neigungen besser als Lebensgefährtin getaugt, als ihre so stille Schwester. Besagte Dame nehmlich errichtete unter ihres Schwagers Protektion und mit seinem Gelde ein, offen in allen Zeitungen inserirtes „Institut für geheime Entbindungen!" Will man den feindlichen Journalen glauben, die seit Jahren nicht ermüden, diese Frage immer wieder neu zur Besprechung zu bringen, und zwar mit den nacktesten Worten, von ganz Genf gelesen, so steckt hinter diesem Titel noch eine andere, von allen sonstigen Kriminalkoderen streng bestrafte Dienstleistung schon während der ersten paar Monate des, gern spurlos verschwinden zu machenden, Zustandes solcher Hilfesuchenden. Aber diese Anklagen wurden in Genf selbst gedruckt, ohne weder Fazy's, noch der Gerichten Aufmerksamkeit zu erregen, und so muß man denn gestehen, Fazy scheint wenigstens konsequent zu sein, und wirklich unbedingte Rede und Schreibfreiheit zu dulden.

Eines Tages nun, etwa 1860, wendete sich ein ehrlicher naiver Handwerksmann in Altona mit einem Briefe, so schrecklichen Deutsches als konfusen Styles, direkt an Fazy. Dieser ließ sich den weithergekommenen Wisch von seinem Busenfreund, dem berühmten deutschen Professor, dem Verfasser des „zoologischen Klabberadatsch" dechiffriren und übersetzen. Der simple Altonaer schrieb, er habe eine sehr schöne Tochter gehabt, die sei aber leider verführt, und nach Genf gebracht, dort aber sitzen gelassen worden, wo sie sich jetzt, wie er höre, in einem verrufenen Hause befinde. Er wende sich daher direkt an den Staatschef und beschwöre ihn unterthänigst, durch seine Allmacht zu erwirken, daß das unglückliche Mädchen gerichtlich losgemacht, und wolle es nicht freiwillig gehen, mit Gewalt nach Hamburg zurückgebracht werde, wogegen er verspreche, ihr dann vergeben zu wollen. Die beiden würdigen alten Männer, die Kenntniß von diesem höchst naiven Briefe nahmen, lächelten, und begaben sich vereint nach der bezeichneten Adresse. Diese war ihnen nichts weniger als fremd, sowie sie ja ohnehin und leider jedes Kind in Genf kennt, sie jedem Fremden — aber nicht von Bädecker oder Murray! — als preziöse Sehenswürdigkeit des kalvinischen Roms empfohlen wird. Sie fanden denn bei ihrer alten Freundin, die für sie und einige ihrer illustren Freunde ohnehin längst was extra erfunden hatte, nämlich „Lebende Bilder und Gruppen", erwartungsvollste geneigte Aufnahme, und als sie endlich mit ihrem Wunsche herausrückten, konnte die Dame des Hauses einen leisen Zug der Enttäuschung, und der Verachtung schlechten Geschmackes nicht ganz verbergen. Aber sie rief die Gewünschte. Es kam ein kleines, blondes, blauäugiges Germanenmädchen, dünnbeinig, busenlos, und mit recht nichtssagender Fysiognomie, darin ein Stumpfnäschen wie selbe nur Stubenmädchen gelingen, und sprach zudem noch so albernes Zeug, obenbrein kein Wort noch Französisch verstehend, daß man die Sitzung kurz aufhob. Es heißt, sogar der dicke Professor, — den Dr. Karl Marx in einer eigenen Broschüre höchst charakteristisch mit einem Dante'schen Ausdrucke für ewig kennzeichnete — habe später versichert, schon längst der Dummheit vergessen zu haben, daß er auf solch einen Brief hin mit dabei war, eine Entdeckungsreise zu wagen.

Einige Monate darnach aber fuhr in ganz Genf eine junge elegante Dame umher, die selbst kutschirte, und hinten zwei Lakaien in rother und gelber Livrée aufsitzen hatte. Man dachte Anfangs an eine russische Prinzessin oder eine englische Lady von etwas extravaganten Manieren. Reich war die Unbekannte jedenfalls, denn sie kaufte viel und baar. Vielleicht hätte der Witz der Genfer das Geheimniß auch nie herausgebracht, denn dies Völkchen ist sehr biskret, sieht es Geld. Aber die stolze Straniera war es nur gegen die Genfer, einfach weil sie nicht Französisch sprach. Dagegen sollte die Verblüffung einiger Deutschen um so größer sein, als sie auf offener Straße gestellt wurden, indem das Tilbury vor ihnen hielt, und die unbekannt Scheinende sie im norddeutschen Dialekte vorwurfsvoll ansprach, daß sie „die Herren" nicht mehr kennen wollten, die sie doch so oft in jener bekannten Rue besucht hatten. Bei diesen mehr als naiven Erkennungsszenen war es nun an den „Herren" verlegen zu werden, und sich zu hüten, länger auf offener Straße stehen zu bleiben. Man mußte also jedenfalls nun, wer die Dame war, auch weß Geistes Kind; nur zerbrach man sich vergeblich den Kopf, wessen Liebe Kind sie nunmehr sein möge, solchen Aufwand zu bestreiten? Bediente aber sind bekanntlich „bezahlte" Feinde — die andern hat man gratis! — und hinter dem schönen Kinde saß, im Verein mit einem knabenhaften Jockey, ein „gebildeter Norddeutscher," mit souverän verschränkten Armen, der, so oft seine Herrin abstieg und in einem Laden ging, dem gaffenden Volke in solch olympischer Positur, aber im schlechtesten Französisch bemonstrirte: „Eh bieng, c'est la maitresse du Fassy, savez-vous, du président." Wenn man nicht Ohrenzeuge dieser Thatsache war, so kann man sie wahrlich nicht glauben. Genug, plötzlich schwebte das Sobriquet „L'Imperatrice de Genève" in der Luft. So oft das Tilbury irgendwo zum Vorschein kam, oder die Dame hoch zu Pferd, begleitet von den zwei rothgelben Jockeys sich irgendwo zeigte — und sie schien absichtlich alle Longchamps in und um Genf aufzusuchen, — ertönte von Aller Lippen dieser Ruf, wie erst ohnlängst der freilich viel stupidere in Paris, das: „Heh, Lambert!" Nun sprach alle Welt von dem neuen Stern, dergleichen das Firmament der Republiken zu sehen nicht gewohnt war, derlei man nur monarchischen Himmeln zutraute. Aber noch mehr sprach man von dem alten Selabon, erzählte sich wörtlich, mit welchen Zärtlichkeitsausrufen er seine Sklaverei ertrage, wie er allen Sinn für Politik und Geschäfte verloren habe, und selbst zu Fremden offen von seiner „petite poupée" fasle, was schon ernste Auftritte mit den Rigoröseren der Radikalen hervorrief. Aber das genire old Cupido nicht. Er sei offen mit ihr zum Notar gefahren, und habe ihr gerichtlich 60,000 Franken verschrieben. Das bestätigte denn auch der Notar auf jegliche Anfrage. Die Thatsache, daß James Fazy sich eine Maitresse halte, darin stieß sich Niemand. Aber daß er das als Präsident des Staates thue, noch mehr für das Geld, was ihm aus diesem Verhältnisse fließt, da er kein eigenes Vermögen hat; besonders daß er noch dazu soviel „Affiche" mit der Sache mache; am allerbesondersten aber, daß er die Frechheit habe, die Bedienten seiner Herzliebsten in die Farben der Republik kleiden zu lassen, überhaupt in einer Republik mit Bedienten und Jockeys beginne — das stieg denn doch den Genfern etwas in die Nase; zuerst den Spießbürgern — die Aristokraten dagegen lachten oder freuten sich — zuletzt selbst dem Blousenvolke, und im Handumdrehen war eine Katzenmusik vor dem Palais Fazy. Ja, die ganze lange Straße von Carouge bis Genf war von „Wählern" besetzt, die, Jeder mit einem Stein, vielleicht noch Schlimmerem in Händen, harrten, ob denn die „Kaiserin" nicht auch an jenem Abende die gewohnte Promenade mache? Zum Glück für die arme Person fiel ihr das gerade im entscheidenden Momente nicht bei, sonst hätte Europa vielleicht eine ärgere Gräuelszene erlebt, als je zu Zeiten der jedenfalls schöneren und gescheidteren Lola. Aber auch im Palais Fazy müssen sehr ernsthafte Auftritte vorgefallen sein, denn von jenem Abende an verschwanden die Dame und ihr Wagen anscheinend spurlos, und das Organ des Präsidenten sprach andern Tages etwas mystisch von irgend einer „hochgestellten Fremden" plötzlicher Abreise. Jedes Volk, momentan noch so enragirt, vergißt wunderschnell, ist ihm der Gegenstand der seine Leidenschaft aufstachelte, aus den Augen gerückt. So sprach denn schon längst Niemand mehr von dem Vorfall, der einige Tage alle Welt und alle Journale beschäftigt hatte, und man sah nicht genauer hin, wenn man hin und wieder neuerdings einmal zwischen den Gartenmauern des Faubourg aux Paquis einem jungen Mädchen begegnete, das man aber nicht wieder erkannte, da es im einfachsten schwarzen Kotonkleide, und zu Fuße ging. Ebensowenig hatte man später mehr als ein Lächeln, erzählte irgend ein Wirth der Prachthôtels dem untern, waadtländischen Theil des Sees protzenhaft: „Gestern war wieder einmal der Fazy hier, mit der Kleinen, mit dem rothen Perrier und dem Lumpen von deutschem Baron. 'sist doch ein feiner Mann, hat 300 Franken für ein kleines stilles Diner bezahlt! Aber er weiß, gepumpt wird hier im Waadtlande nicht!"

Man sieht, es heißt nicht, ins Privatleben eingreifen, und das Heiligthum des Familienlebens profaniren, wenn man solche Thatsachen auch vor einem größeren europäischen Publikum wieder erzählt, die ja die Journale Genfs aller Farben, und in weitaus nackteren Andeutungen bei voller Namensnennung zum Gegenstande täglicher Leitartikel hatten.

Warf man nun Fazy schon seit Jahren seine persönliche Willkür, seine giftige Verfolgung all Derer vor, die ihn im Privatleben verletzten oder fatal waren, lärmte man seit Jahren darüber, daß seine eigene Schwägerin eine geheime Akkoucheuse spielen durfte — den Genfer Gesetzen zum Hohn — und protestirte man plötzlich handgreiflich gegen das herausfordernde Skandal einer Präsidentenmaitresse, deren Bedienten die Farben der Republik trugen, — so war ein anderer Vorwurf, den man gegen ihn hatte, nicht mehr eine bloße

Genfer Lokalfrage, sondern direkt eine schweizerische, ja gewissermaßen europäische. Denn in derselben Zeit, in der in Deutschland die Agitation immer mehr Boden gewann, wenn nicht auf eine sofortige Unterdrückung jener berüchtigten deutschen Spielbäder hinzuwirken, doch bei den bezüglichen Regierungen soviel staatssittliches Bewußtsein zu erwecken, daß selbe am Verfallstermine die Kontrakte nicht wieder verlängern mögen, in derselben Zeit warb eine neue Spielhölle mitten in derselben Schweiz, die all derlei Institute prinzipiell verboten hatte, mitten in Genf, wo ein eigenes, von den Radikalen, eingeführtes Gesetz dagegen existirte, eröffnet, und zwar noch dazu im Hause des Präsidenten der Republik! Eine köstlichere Frechheit weist die Weltgeschichte noch nicht auf! Friedrich Hebbel, der ein tragisches Moment in dem Konflikte finden wollte, daß in einem seiner Dramen ein Gend'arme — also der Wächter des Gesetzes — mit einem gesetzverletzendem Diebe dessen Raub theilt, übrigens aber andere Diebe einfängt, Hebbel hätte wohl gejauchzt, und moralisirend tiefsinnigste Schlüsse daraus gezogen, wäre ihm bekannt gewesen: daß in Wirklichkeit der Präsident eines Staates eine geheime Gebäranstalt und im eigenen Hause eine verbotene Spielhölle hält, — dazu noch, wie wir später sehen werden, eine diszplinirte Räuberbande, gedungene Mörder, und — doch wir wollens nicht vor der Zeit sagen! Hebbel konnte das übrigens so wenig wissen, als sonstwer außerhalb der Grenzen der Schweiz, denn lange blieben all diese Fragen bloß lokale, dann spezifisch schweizerische, was ebenfalls sie lokalisiren heißt, und zuletzt kümmert sich noch heute Niemand im Auslande um Genf, geht nicht direkt eine Revolution los, weil alle Welt von dem Vorurtheil befangen ist: nur die Schweiz verliere was an Genf.

Jene Spielhöllenfrage verhielt sich in Kürze also. Die Genfer Verfassung gestattet unbedingtes Cerclerecht. Nämlich, sobald sich zwei Personen innerhalb vier Mauern versammeln, und der Behörde gesetzlich melden, sie hätten hiedurch einen Cercle gebildet, hat Niemand das Recht, irgendwie zuzugucken, was denn eigentlich in jenem Cercle geschieht? In Consequenz dieses schönen Prinzip's der Potenz des englischen: „My house is my castle", konnte man denn wohl auch in solch einem Heiligthume Morb, Ausraubung, Schändung und andere derlei Amusements begehen, ohne daß Jemand das Recht hätte, auch die Behörde nicht, auf Hilferufe herbeizueilen. Wir wissen nicht, ob das in Genf Consequenz war, wir wissen nur, daß beim Original dieser Pastiche, — beim englischen Clubrecht — diese absolute Nichtinterventionsgarantie keineswegs vorherrscht. Genug, Genf besitzt wohl 50—60 solcher „Cercles", wo in den meisten derselben ebenso nach Belieben gespielt wird als in Homburg, bloß mit dem einzigen kleinen Unterschiede, daß nur die Mitglieder unter sich spielten — also sich gegenseitig abgewannen, aber auch gegenseitig wieder Revanche boten — man aber nur durch Ballotage Mitglied solch eines Cercle, oder als Fremder bloß auf wenige Tage eingeführt werden konnte, hierzu in einzelnen Cercle's der Aristokraten z. B. im „Cercle des Mignons" direkt Nachweis von sangre azul, nämlich von himmelblauem Blute, der Abstammung oder der Börse, erfordert wurde. Die meisten andern Cercles waren jedoch nur zu rein politischen Parteizwecken errichtet, das Spiel also jedenfalls Nebensache.

Diese Logik der Thatsachen wie des Sinns der Gesetze hinderte James Fazy nicht, derselben seinen eigenen praktischen Commentar hinzuzufügen. Es creirte sich eine Aktiengesellschaft — anonym — welche das fingirte Kapital aufbrachte, einen „Cercle des Étrangers" zu errichten, und miethete hiezu das Erdgeschoß und das ganze erste Stockwerk des Fazy'schen Palais. Die Gesellschaft zahlte hiefür eine Miethe von — 60000 Franken jährlich! ließ zudem Herrn Fazy und seinen schon bezeichneten Freunden — fremden Generälen, deutschen Professoren, verunglückten Buchdruckern u. s. w. — eine Anzahl Aktien al pari ab, deren Raten natürlich nicht eingehoben wurden, und etablirte eine Journalstube, ein Conversationszimmer, und im großen Saal des ersten Stocks stellte man einen grünen Tisch für Trente-et-Quarante auf, an dem vier Croupiers saßen, und der Schafe zum Scheren harrten. Dagegen all die andern Stuben und Säle oben und unten, magnifique möblirt, sperrte man ab, ließ sie jahraus jahrein verschlossen, denn man müsse in seinen Anforderungen nicht unbescheiden sein, und wer sich amusiren wolle, der habe genug an dem schönen grünen

Tische. Dieser Cercle war also, wie schon der Titel sagte, nur für Fremde, für Nichtgenfer bestimmt; man sollte also meinen, schon dadurch auch sogar dem Genfer Clubrecht entgegen, welches bekanntlich nur für die Eingebornen existirte. Dieser Widerspruch war aber noch nicht genug. Das Institut sollte zugleich für die Entrepreneurs alle Vortheile eines Cercle's, für die Besuchenden nur deren Nachtheile haben, war somit Cercle, wo man dies Mittel sich zu reserviren nöthig hatte, aber öffentlicher Ort soweit, als dies im Vortheil der Unternehmer lag. Somit hatte Jedermann, in der Blouse oder im Frack, Genfer oder Frember, freien Eintritt, ohne alle weitere Formalität als daß er — irgend welchen beliebigen — Namen in ein großes Buch der Vorhalle einschrieb, während die Bedienten absichtlich zum Fenster hinaussahen. Besuchte aber solch ein Entréeirter längere Zeit das Lokal ohne zu spielen, oder wurde er nach großen Verlusten anzüglich oder sonst irgendwie mißliebig, so nahm der Direktor den Fremden diplomatisch zur Seite und erklärte ihm höflichst flüsternd: er befinde sich nicht an einem öffentlichen Orte, sondern in einer geschlossenen Gesellschaft, welche sich sehr geehrt auch durch seine ferneren Besuche fühlen werde, aber dann müsse er sich den Statuten unterwerfen, und sich durch Ballotage einführen lassen, als ordentliches Mitglied u. s. w. Das war deutlich genug, und es fand sich Niemand so naiv, es auf solch eine Ballotage ankommen zu lassen. Derart hatte man denn eine der ingeniösesten Mausfallen in dem von Fremden stets überfüllten Genf eingerichtet, die Geschäfte gingen gut und still, von 1855 bis 1860, und nur das Organ der Aristokraten, das famose „Journal de Genève" kläffte hin und wieder auch diesen Mond an. Da der Schweizer gewohnt ist, alle Fremden für ihn von der Vorsehung bestimmte Frösche anzusehen, denen er kaltblütig die Beine abschneidet, in deren Hose die Börse steckt, den übrigen Theil des Frosches aber wieder gleichgültig in sein Urelement zurückwirft, überzeugt, daß das Thier nicht absteht, sondern sich neue Beine wachsen läßt, um wieder einmal aus seinem Sumpf auf die Berge zu klettern und zu hüpfen, um nochmals und abermals amputirt zu werden — so nahm man Papa Fazy — den man jedoch sonst in der übrigen Schweiz nicht mag, wie man später sehen wird —den sinnigen Witz seines ingeniösen Froschteiches nicht zu sehr übel, besonders da der Mann vis-à-vis der Genfer Clubfreiheit im Rechte schien, und überdies nicht einmal selbst der Spielentrepreneur war, bloß der Hausbesitzer, der verrückt gewesen wäre, solch eine hohe Miethe nicht zu acceptiren!

Aber plötzlich merkten die Genfer mit Schreck, daß ihnen irgendwo am Leibe geheim ein Blutegel sitzen müsse. Die 20 Hôtels, die paar hundert Fabrikanten und Ladenbesitzer, die nur von den Fremden und nur während der kurzen Sommersaison leben, sie erlebten Schlag auf Schlag ganz merkwürdige Symptome. Die vornehmsten, wohlhabendsten Fremden konnten plötzlich ihre Hôtelrechnung nicht mehr bezahlen, sie mußten noch Anleihen machen, um wieder heimkehren zu können; andere noch vornehmere Fremde, welche die volle Wintersaison über ganze Hôtelflügel akkordirt hatten, machten plötzlich den Vertrag rückgängig und reisten über Nacht ab, da unter den jüngeren Söhnen ihrer Familien ein Drama ausgebrochen war. Die Fabrikanten und Kaufleute hatten ganze Berge schon verpackter Bestellungen liegen, die aber Niemand abholte und bezahlte, da die Besteller über Nacht geheim abgereist waren. Es drohte dem reichen Handelsleben der Lemanmetropole allgemeiner Bankrott. Und noch dazu keinerlei Entschädigung durch erhöhten Fremdenverkehr, durch prächtige Anlagen und öffentliche Amusements, wie solche doch den Comunen deutscher Spielbäder zukommen, wo, wenn der Fremde 1000 Franken verliert, er selbst sich für wenigstens 300 Franken exquisit amusirte, wo weitere 300 Franken aus der Spielkasse dem allgemeinen Verkehr zufließen, und nur ein, wenn auch starkes Drittel rein von den Aktionären verschlungen und meist außer Land getragen wird. Wenn die Bürger von Homburg u. s. w. schon die Schmach und den Verlust tragen müssen, kein eigenes industrielles Leben entwickeln zu können, und im Rufe als Spielhöllenort gebrandmarkt zu sein, nun, so haben sie doch auch was davon: ihr Nest wurde zu einer Prachtkolonie umgeschaffen, deren Inventar ihnen verfällt, wenn der Kontrakt abgelaufen ist, und die Quellen ihrer Gegend noch genug der Fremden anziehen werden; und auch jetzt haben sie reichlichen Verdienst durch den Strom von Fremden, bei denen sie sich voraus versichern, da Jedermann weiß, daß das ein Spielbad ist, wo also auch ein Krösus andern Tags Bettler sein kann! Aber in Genf — nichts von Alledem! Nichts von einem Gleichgewichte der Gewalten; sondern alle Welt verlor, die Genfer und die Fremden, sogar auch die Aktionäre des Spielhauses, denn sie zahlten zu hohe Miethe, und waren allen Chancen ihres Métiers ausgesetzt; und nur ein einziger Mann in der Schweiz, ja in der ganzen Welt, gewann, gewann Unsummen und sicher, nämlich Papa James Fazy, der zudem dadurch dem Gesetze, dessen höchster Repräsentant er selbst war, höhnisch ins Gesicht schlug, und der überdies die gewonnene Goldquelle unter öffentlichem Skandal wie ein unzurechnungsfähiger Junge vergeudete, und in nächtlichen Orgien verrinnen ließ, keinen Sous seinen seit 30 Jahren flehenden Landsleuten von Gläubigern zukommen lassend!

Das war denn doch für die Genfer zuletzt zu stark, für diese gebornen Rechenmeister und Spekulanten: und besonders stark stieg dieser Pfeffer den hungrigen Proletarierschaaren von Carouge und der Genfer Unterstadt, von St. Gevais und dem Quartier aux Paquis in die Nase, die ja schon längst all die „Aristokraten" hängen wollen, blos um sich in deren Besitz zu theilen, und die allein mit ihrer eigenen Kreatur, mit James Fazy nicht theilen, sondern zusehen sollten, wie er allein alles einstecke und verprasse, ihnen aber höhnisch die abgenagten Knochen in die hohläugigen Gesichter werfe?

Dies Alles ward dem Genfer und dem Schweizer Publikum einst wohl klar und anschaulich gemacht durch einige lange, nüchterne unsentimentale Artikel aus der Feder des bekannten ungrischen Schriftstellers K. M. Kertbeny, welche im Frühjahre 1862 in Berner „Bund" erschienen. Das Organ der Conservativen, das „Journal de Genève" fiel über diese „schlagenden Argumente eines Fremden" gierig her, — freilich ohne zu ahnen, wer der Autor sei, den jene Redaktion denn, als er sich demaskirte, ebenso feig verleugnete, als ihn die Fazysten wüthend angriffen — und brachte all diese Artikel wörtlich französisch übersetzt. Nun konnten 80,000 Genfer diese nüchternen Argumente so ruhig lesen und diskutiren, als das deutsche Original die übrigen zwei Millionen deutscher Schweizer. Man setzte diese Argumente in Carouge auf Noten, und sang diese Strofen auf allen Straßen. Eine Myriade von Proletariern zog vor Fazy's Palais und brüllte: „Du Dieb, theile wenigstens mit uns!" Und der Verfasser jener Artikel, welcher am 4. März 1862 fünf Injurienprozesse nicht blos in Genf, sondern auch in Bern und Biel anhängig gemacht und namhafte Kautionen gelegt hatte, während die Anklagekammern der freien Schweiz am 2. Dez. 1862 noch immer nicht entschieden hatten — nicht etwa die Prozesse, blos die Formalität, ob sie überhaupt anhängig gemacht werden können! — war bereits lange in Paris, und verschmerzte längst den Verfall seiner Kautionen bei noch gar nicht zur Klage angenommenen Prozessen, als die Journale aus Genf melbeten, jene Fazy'sche Spielhölle sei 1863 endlich doch gesetzlich und für immer geschlossen worden!

VI.
Die Genfer Parteien.

Das wäre aber wohl noch das Geringste, hätte man dem an persönlicher Würde eben nicht reichen, auch in sonst Allerlei genugsam verschuldeten Despoten von Genf blos so einige persönliche üble Eigenschaften, aus den Privatverhältnissen in die öffentlichen übertragen, und herausfordernd aufgepflanzt, vorzuwerfen. Lieber Gott, Jedermann hat seine Fehler und Schwächen, und es ist eine alte Geschichte, daß wer irgend zur Herrschaft kommt, nur zu leicht sich als den alleinigen Zweck der Sache fühlt. Auch weiß längst Jedermann, Revolutionen macht man nicht mit Rosenwasser. Ist man aber einmal gezwungen gewesen, zu Schusterpech zu greifen, um Brandkränze zu flechten, damit den Erzfeind des Vaterlands oder des eigenen Parteiprinzips endgültig aus dem alten Tummelplatze seiner Attentate gegen die Menschheitsrechte hinauszuheizen, was Wunder, klebt bann das Pech fort an den Heldenfingern, und wird man den Schmutz des nothwendigen aber nicht angenehmen Mittels nicht sobald wieder los, beschmiert sich vielmehr noch fort um so ärger, jemehr man mit der einen schmutzigen Hand die andere zu reinigen versucht!? Und solche liebe schöne Trostsprüche der Banalität, erlesen aus den Argumentarsenalen beider Parteistandpunkte, wären noch hundertfach in dicken Büscheln vorzulegen, um entweder Fazy recht schwarz zu malen — notabene mit alkoholgerötheter Nase und saunisch verzerrten Mundwinkeln, — oder ihn so weiß und schön zu brennen, daß er für einen Apollo der Wassersucht passiren könnte. Aber all berlei extreme Chargen wären für uns übrige Europäer ein häßliches Räthsel mehr, sie ergäben einen Götzen, erfunden von barocker Phantasie entweder des Hasses oder baalsdiensttreibender Veneration und wir würden dieser Pagode gegenüber eben so klug sein als zuvor. Da wir aber wissen, daß dieser Mensch wirklich lebt, wirklich seit 18 Jahren in jener Republik am Leman unumschränkter Herr war, die früheren Parteien thatsächlich soweit erstickte, daß erst aus der Fusion der Nachkommen aller früheren Parteischattirungen und der sich Emanzipirenden seiner eigenen Partei sich nach und nach eine Gegenpartei — die der Independenten — entwickelte, welche aber noch auf schwachen Füßen steht; da wir andererseits jedoch ebenso faktisch wissen, welch ein unselbstständiger, seiner eigenen Partei zum Spielball dienender, von ihr oft sogar mittelst Fußtritten zur Ruhe gewiesener Patron dieser berühmte Herr Fazy ist, Genfs Soulouque, — so müssen wir nach irgend einer menschlichen Erklärung dieses, in der gesammten Geschichte als Unikum figurirenden Widerspruchs suchen, denn ein bloßer Spuk, oder eine Abnormität könnte nur Kinder oder Raritätensammler interessiren.

Nun, das Geheimniß von James Fazy's Terrainsbehauptung seit 18 Jahren lag in der Tripelströmung genfischen Parteiwesens, und der von ihm geschickt durchgeführten Organisation seines politischen Mineurkorps.

Die Genfer Gesellschaft besteht heute aus folgenden Kategorien. Erstens, aus etwa noch hundert alten Familien, die sich reich erhielten, aber auch physisch nicht eben gesund; denn schon die Hälfte von ihnen ist durch das — bei dem Schweizer Patriziat überhaupt vorherrschende stupide Prinzip der Heirathen unter sich — bereits bei den Letzten des Geschlechtes angekommen, oft nur mehr in weiblicher Linie existirend, noch öfter aber leider dem Blödsinn oder Wahnsinn verfallen. Die andere Hälfte jener Familien jedoch, die sich noch normalblütig erhielten, nehmen nur noch in einigen ihrer Mitglieder überhaupt defensiven oder offensiven Antheil an ihrer Lokalpolitik — die meisten leben still zurückgezogen, wenn auch immerhin in Solibaritätsgefühl für die Siege oder Niederlagen der Repräsentanten ihres Standes. Letztere sind nur ein kleines Fähnlein von einigen Bankiers, Professoren und sich langweilenden Rentiers, die wahrscheinlich überhaupt mehr kein Lebenszeichen von sich geben würden, hätten sie nicht durch Zufall seit fast dreißig Jahren ein Organ in Händen, das „Journal de Genève", das durch allerlei andere Ursachen — besonders als Fokus von Correspondenzen all der in allen fünf Welttheilen ansässigen auswärtigen Schweizer respektive Genfer — in der That ein Journal von europäischem Interesse ist, und seinen Aktionären nie geträumte Dividenden abwirft. Bei solch einem Organe kann man also auch bei innern Angelegenheiten nicht ganz ruhig und indifferent sitzen, und so juckt es denn jene von den Aktionären bestimmte Leiter — der Redacteur selbst ist eine Jaja-Pagode — manchmal „wieder einmal ein Mäuschen laufen zu lassen." Dabei ist jedoch diese geheime Journalregierung politisch wie literarisch feig, zöpfisch, ohne alle Initiative, und so ängstlich wie perfid zurückweichend, soll einmal ein energischer Schlag geführt werden. Existirte dies Journal und seine ewigen Provokationen, ohne Muth, sie auch durchzuführen, nicht, in Genf wäre wohl schon längst das Stichwort „Aristokraten" verraucht, einem andern Platz machend, und die Radikalen wären ohne traditionelle Zielscheibe, wie die Protestanten ohne Gegenstand zu protestiren, hielte sie nicht noch das Papstthum als zwar ohnmächtiger, aber noch immerfort provozirender Schemen.

Von jener Partei die man in der geschichtlichen Entwicklung Genfs seit Kalvin her als „Aristokraten" bezeichnen lernte, giebt es nur mehr sehr wenige Enkel, die sich auch aktiv noch mit Politik beschäftigen, darunter aber unseres Wissens kein Einziger, der auch nur im Schlaf noch an das Programm seiner Väter, oder auch nur an Reminiszenzen desselben denkt, sondern die Eunuchen unter diesen Ausläufern abgestorbener Partei amüsiren sich mit besagter journalistischer Zündelei; die wenigen gesunden und politischen potenten Nachsprossen aber, wie

z. B. Theodore de Saussure, sind mit Führer der großen Hauptpartei der Independenten oder eigentlichen Demokraten, deren organisative Leiter die Advokaten Amberey und Friedrik sein mögen.

Neben diesen alten Aristokraten — die fast alle wohlhabend, davon einige noch jetzt Millionäre sind, — giebt es eine neuere Plutokratie, französische, italienische, deutsche oder schweizerische reichgewordene Kaufleute, die an der Spitze aller industriellen Unternehmungen stehen, für Eingebürgerte, aber nicht für Ureingeborne gelten, und die, wie überall, als Neutren existiren, ihrer innern Ueberzeugung nach zu den Independenten gehörend, aber eben auch mit den Radikalen auf anscheinend guten, bonhomistisch-schlauem Fuße stehen — um auch bei Denen Alles zu erlangen und Nichts zu verlieren.

Eine dritte große, aber geheime Bevölkerung der Republik bilden die reichen Fremden, von denen man in der Stadt fast gar nichts merkt. Aber das Genfer Gebiet soll an 5000 „Campagnen" zählen die, Garten an Garten, sich durch den ganzen Kanton erstrecken, versteckt im Grün liegen, und von der Chaussée her abgeschlossen sind. In diesen Campagnen, in diesen Tuskulaneen wohnt, — abgezogen hievon die Genfer, deren Campagnen bekannt sind, — weiß Gott wer! Oft lange Zeit als in seinem Eigenthum, oft nur vorübergehend. Wenn man das höchst seltene Zufallsglück hat, in den Freimaurerkreisen jener Campagnen da oder dort mit debutirt zu haben, so lernt man in ein paar Jahren wohl alle Monarchen Europa's, oder höchstgefeierte Künstler und Schriftsteller des Auslandes persönlich kennen, ohne sich in der „Stadt" was merken lassen zu dürfen, daß der Engländer, oder der Russe, oder der Deutsche mit dem man gesehen worden, wer Anderes sei, als ein gewöhnlicher Cockney, oder Schnapsfabrikenpächter, oder Bandwurmprofessor. Natürlich weiß Jedermann, daß diese geheime Bevölkerung existirt, aber Niemand erkennt sie, man faßt sie unter den Kollektivbegriff „Fremde", und legt ihnen nichts in Weg; denn von was sollte halb Genf, die halbe Schweiz leben, gäbe es dort mehr keine „Fremde?" Selbstverständlich mischt sich auch — höchstens mit Ausnahme eines Handelsreisenden an einer Table b'hôte britten Ranges — Niemand von diesen „Fremden" in Genfer Angelegenheiten, wenigstens nicht äußerlich erkennbar, wenn auch manche Schlupfwespe dieses Geheimstockes ihm nicht entfliegen mag, ohne gesehen und sich gemerkt zu haben, was im ganzen hohlen Baume vor sich geht.

Die Indepenbenten sind die gegnerische Hauptpartei der Radikalen, nicht so groß an Zahl, noch so leck an Muth, aber jedenfalls größer an humaner Intelligenz. Als der Radikalismus wie ein Felsblock vor 18 Jahren in den stehenden Sumpf früherer Parteiverhältnisse plumpste, und dessen Gewässer trübte, nach allen Seiten hin verspritzte, und theilte, dadurch auch vielfach versiegen machte, blieben lange blos einzelne ohnmächtige, unklare Pfützen da und dort stehen. Allmählig jedoch sammelten sich all die einzelnen abrinnenden Ueberreste, durch das Gesetz ihrer Schwere, in einem gemeinsamen neuen Becken, das der Regen weiterer Ereignisse ausgehöhlt, der Druck des Blocks vertieft hatte. Fazzy ist nicht Staatsmann, sondern Staatskünstler, in dem Sinne, wie sich ein Akrobat zu einem Feldherrn verhält; er ist nicht Demokrat, sondern Demagog und wenn man das, schon vor zwei Jahrtausend entworfene unsterbliche Urbild seines eigenen Wesens und der Verhältnisse, in denen solch ein Charakter zu solch einem Zerrbild unbehindert auswachsen konnte, kennen lernen will, so lese man Aristofan's „Ritter." Da haben wir ja im guten alten Demos das Genfer Volk, dessen Gunst schon seit geraumer Zeit der schurkische, protzige, falsche und grausame, aber höchst kluge und verschlagene Demagog besitzt, den der Attiker unter dem Namen „der Paphlagonier" für ewig mit dem Glüheisen des Hohnes und Witzes brandmarkte, und darunter bekanntlich das Athenervolk seinerzeit höchst porträtähnlich seinen Demagogenführer, den Despoten, Feigling und großmauligen Bekämpfer der „Ritter" (der Aristokraten) den Tribun Kleon erkannte. Dieser beherrscht den alten schwachen Herrn Demos, dessen Sklave er ist, während er ihn nach seiner Pfeife tanzen läßt, so vollkommen, daß er sich, anscheinend fest in dieser Gunst, die größten Rohheiten und Willkührlichkeiten gegen die Andern erlauben darf. Aber er weiß sich bei dem Demos einzuschmeicheln, denn er „stiehlt Andern den Brei, um seinem Herrn davon was um den Mund zu streichen, selbst jedoch den ganzen Topf geheim aufzufressen;" er machts den Fischern gleich, die, „um Aale zu fangen

tüchtig den Schlamm aufwühlen" und unterdrückt so alle „Unzufriede=
nen" in der Stadt, und bricht der „Ritter Uebermuth und Blutan=
sprüche." Dem Demos aber, wenn ihm von all dem die Augen über=
gehen, reicht er ein Hasenschwänzchen, sie sich auszuwischen. Alles thut
er für den Demos wie er versichert, — nur ein paar Schuhe, die gibt
er dem alten Manne nicht, sondern läßt ihn barfuß laufen, und ver=
kauft heimlich das Leder. Als endlich den andern Sklaven diese blinde
Vorliebe ihres Herrn für den „Paphlagonier" und dadurch dessen Ab-
solutismus über sie, zu unerträglich wird, da prophezeit das Orakel:
diese Bestie, die sich schon so fest einfraß, könne nur dann gestürzt
werden, wenn sich ein noch Frecherer findet, der den Paphlagonier
auf dieselbe Weise abtrumpft und dadurch dem Demos die Augen öffnet.
Die Sklaven überreden also den sonst ganz ehrlichen und ordentlichen
„Wursthändler", sich für des Demos und ihr eigenes Wohl zu opfern,
auch zu den Waffen der Brutalität zu greifen, und zu versuchen, den
bisherigen Günstling durch Gemeinheiten aus dem Sattel zu heben,
indem er so verblüfft wurde durch sein unerwartet Spiegelbild, daß
er sich heulend und schreiend ins fremde Gebiet (Frankreich) zurückzieht,
dem Gegner noch perfid zurufend: „Du bist kein größerer Lump, doch
glücklicher als ich!" Ist's nicht so in Genf hergegangen, und hatten die
Independenten vielleicht den Aristofan gelesen, und sich in die Rolle
des Wursthändlers verliebt? Mögen sie dann nur nicht vergessen, daß
jener „Wursthändler" Aristofans, den „Paphlagonier" zuletzt ausstach,
weil er dem alten Demos endlich wirklich die Schuhe gab, mit deren
Versprechen sein Vorgänger den Alten blos foppte, das Leder hierzu
für sich selbst verwendend und darin sich frisches Regenwasser in Majo=
rität ansammelte, das immer klarer wurde, und auch die Zuflüsse
zwang, mit klar zu werden, bis das Ganze zum hellen Quell wurde,
auf daß das Volk Labtrank finde, wird es zu heiß — und plumpst nicht
der schmutzige Felsblock durch seine Wucht auch noch in dies neue
Becken.

Unfigürlich gesprochen, wer in Genf aus irgend einem Grunde
Freiheit mit Ordnung will, der gehört mit zur Partei der Independenten.
Aus irgend welchem Grunde. Denn Freiheit mit Ordnung wünschen

die Einen aus innerstem edelsten Trieb für Freiheit und Ordnung, die Andern weil ihnen solche Freiheit immerhin noch die beste Garantie gibt, wenigstens ihre materiellen Standesvortheile zu wahren, müssen sie auch die sozialen und historischen wie ambitiösen einstweilen der allgemeinen Gleichheit opfern. Die Dritten wieder schwören zu dieser Fahne, weil die Reichen dabei sind, von denen sie leben, während ihnen die Gegenpartei diese Vortheile nicht kontinuirlich, blos sporadisch, nämlich beim Plündern, bieten könnte. Die Vierten, Fünften, Sechsten, u. s. w. haben denn andere, oft auch nicht eben bessere, vielleicht sogar unedle Notizen, es mit Freiheit sammt Ordnung zu halten, etwa persönliche Feigheit, oder weil sie das Rauchen nicht vertragen, oder weil James Fazy ihnen persönlich noch was schuldig geblieben ist, — denn die menschliche Gesellschaft ist nun einmal schwach und egoistisch, auch wo sie sich zum Guten vereinigt. So rekrutirte sich denn die Partei der Independenten aus allerlei Elementen, vom idealistischen Schwärmer bis zum Spießbürger, vom wahren Patrioten bis zum Söldlinge der Feigheit. Da jedoch Alle zu derselben Fahne schwören mußten, um ein Gegenheer bilden zu können, auf dieser Fahne aber wenigstens als Wahlspruch zu lesen steht: „Freiheit für Alle, also Freiheit mit Ordnung, und als Garantie hiefür engstes Zusammengehen mit der freien und ordnungsliebenden Schweiz", so kann man wohl sagen, daß wenn diese Partei auch durch die That für ihren Wahlspruch einsteht, sie nur in den Augen ihrer Gegner verächtlich sein mag, und als deren unliebsame Reaktion gelten darf.

Wer sind denn dann aber die Radikalen in Genf?

VII.
Die Wirthschaft der Radikalen.

Es ist kein Zweifel, daß es unter den Radikalen Genfs auch noch jetzt ehrliche, vielleicht sogar anständige Leute gibt. 1846 gab es sehr viele solcher auf jener extremen Seite, ja etwa gar die Ueberzahl, wenn man die Demokraten Albert Galeers als Grundstock von damals denkt, und wollte man alle Die zählen, welche seither sich wieder bis zu heutigen Demokraten, nämlich zu Independenten abkühlten. Damals war's aber auch eine ganz andere Sache, um die man focht, und die Radikalen Genfs bestanden größtentheils aus Eingebornen oder Eingebürgerten, die genau das wollten, was seitdem die gesammte Schweiz erlangte, nehmlich wirklich demokratische Grundlage, und die in ihrem Kanton nur jeglichen, auch den leisesten Nachgeschmack früherer Oligarchie auszumerzen strebten.

Als jedoch jene Partei in Genf, und zwar mit Vorschiebung James Fazy's, zur Regierung kam, erwuchsen für sie Consequenzen aus der Fusion so vieler heterogenen Elemente, die sie erstreben mußte, um endlich zu siegen, Consequenzen solcher Art, daß Fazy sich so lange blos halten konnte, wenn er weitere und fremde Elemente mit in die Gährung hineinzog, um dem Kampf jedes einzelnen Faktors um seine Existenz nicht eine Sekunde Rast zu gönnen. Denn „wer fertig ist, dem ist nichts recht zu machen," jedoch „ein Werbender wird immer dankbar sein." Er hielt also die Wunde künstlich offen, riß sie oft noch unversehens geheim oder offen auf, führte immer weitere fremde Stoffe ein, um die Eiterung im Gange zu erhalten, und erklärte somit nicht sowohl die Revolution — denn es war nichts mehr da, gegen was man hätte revoltiren sollen — als die Anarchie in Permanenz. Dabei konnte er denn selbst machen was ihm beliebte, da die Andern unter sich zu viel zu thun hatten, um ihn zu kontroliren; auch waren die Meisten vielfach mitbetheiligt am Vortheil der tollen Wirthschaft, hofften noch mehr, gelegentlich spezielle Vortheile zu erwischen, besonders aber, hatten ihn nöthig, daß auch in ihrem Interesse der Schlamm fort und fort umgewühlt werde, und ja sich nicht niedersetze.

Den an Zahl sehr geringen Grundstock gaben also die eingebornen Genfer ab, die Proletarier zumeist, die früheren Habitants und Sujets; diese waren gleich von vornweg überdeckt, als die Schleusen des bis dahin gegoltenen Separatismus geöffnet wurden, und man die etwa 15,000 savoyischen Katholiken mit in die Gleichberechtigung hereinströmen ließ. Fazy aber, Kalvins politische Finesse komplet verstehend, wollte auch dies neue Element, das nun zu stark mit Anforderungen an ihn herangerückt, und zu leicht in hegemonistische Gelüste geschossen wäre, noch durch einen dritten und vierten Faktor paralysiren, es in Schach, und sich vom Leibe halten, zugleich durch die Ganzheit der neuen Massen ein je wieder denkbares Aufkommen des alten Sauerteigs absolut unmöglich machen, und durch Ueberzahl ersticken. Er erleichterte daher das Bürgerwerden auf schon bemerkte Weise, blos noch eine Formalität aufrecht erhaltend, und so strömten denn alle französischen Refugiés — an 10,000 — herbei, die der Dezemberstreich über die Grenze wusch, sowie Emigrés aus allen sonstigen Herrenländern, wie anderntheils gut an 10,000 der ewig wandersüchtigen Deutschen herbeikrochen, und sich mit in diesem Chaos ansiedelten, — von der Essigmutter des nichtgenf'schen Genferthums, den Savoyarden, die meist das alleinige Dienstpersonal der Stadt ausmachen, gar nicht zu sprechen! — Endlich aber, da durch das Bundesgesetz von 1848 der Schweizer in jeglichem Kantone wahlfähig und eingeboren ist, so sickerten auch alle unruhigen Schweizerelemente nach dem Becken Genf, und wie man gleich sehen wird: diese gewannen ganz besonderen Einfluß auf die dortigen Verhältnisse.

Der Plumpudding war denn mit genug der heterogensten Ingredienzien versehen, und gehörig fest abgeknetet, um denen hart genug im Magen zu liegen, die ihn verspeisen sollten. Jedoch Fazy begügte sich damit nicht, er wollte auch noch seinen Extraspaß haben, und begoß denn das Ding zudem mit Kognak eigenen Geschmackes, und zündete gelegentlich dies starke Narkotikum auch noch an, damit es lustiger sei.

Hiezu diente ihm am gewandtesten, ausdauerndsten und pudeltreuesten der gute John Perrier, der schon mehrmals nahe daran war, sich die eigenen Finger an der von ihm bereiteten Spiritusflamme zu verbrennen, und der richtig auch allein jetzt endlich beim Kragen erwischt wurde, während sein Herr, Meister und Busenfreund sich geschickt über die Grenze salvirte, um „der rachsüchtigen Reaktion nicht in die Hände zu fallen!"

Wenn man das Wesen, das Treiben und die Mittel John Perriers nicht kennt, so bleibt James Fazy's persönliches politisches Treiben, und daß das anscheinend so ruhig geduldet wurde, ein blödsinniges

Räthsel. James und John bildeten aber ein und denselben Körper bei allen Aktionen, blos James den Oberleib, John den Unterleib. Daher sah man den Einen doch oft intelligent genug aussehen und agiren, fühlte aber blos des Andern Wirkungen, sah nicht ihre Ursachen, — denn in der Zivilisation muß Jedermann Kleider tragen.

John Perrier ist gebornes Genie für die ihm gewordene Mission. Seines Zeichens früher Uhrmacher, scheint er dies Handwerk schon längst vergessen zu haben, obgleich er noch 1860, als er in Savoyen den Putsch versucht hatte und arretirt worden war, von der Regierung Ein Zehntel Million als Entschädigung forderte, weil man ihm durch einen Monat dauernden Arrest „sein blühendes Geschäft hemmte, ihm alle Kunden verscheuchte, und ihn so zu Grunde richtete." John könnte vom Standpunkte der Lumi'schen Malerschule für schön gelten, denn er hat recht intelligente Züge, und Haupthaar und Bart wanzenroth, nicht hell, sondern dunkel; dazu jenen bei Rothhaarigen so gewöhnlichen talg= weißen, sommersprossigen Teint. Er besitzt hiezu einen stets trotzigen, aber noch mehr lauernden Blick, und spielt den Kaltblütigen, um desto unerwarteter durch Auflobrungen zu verblüffen. Allein sieht man ihn nie, sondern entweder mit kleiner Suite seiner Lieblinge, oder mit Fazy Arm in Arm, er flüsternd, der Meister scharf zuhörend. Der Ausdruck „Lieblinge" ist keine bloße Redefigur, so wenig, als wenn von Henri III's „Mignons" Anspielung geschieht, oder wenn Aristofan über „Kleisthenes" witzelt, welche modern verpönten Witze die Athener um so deutlicher verstanden, als der Schauspieler ja das Symbol von Leder als Merkzeichen trug. Das ist schon Alles in der Welt dage= wesen, und ist beständig da, gekannt aber nicht genannt, daher noch eines der Naturräthsel, für das sogar in unserer Zeit Gelehrte nicht einmal noch eine psychologische Hypothese zu erdenken Courage hatten, viel weniger daß sie es human zu bändigen oder gar zu heilen wüßten. Aber neu ist es, wäre es vielleicht sogar für den Attiker, könnte er wiedererstehen, aus solch einem Privathang politisch Kapital zu schlagen, Volksmassen auf dem Prinzipe des Bas Empire und orientalischen Quidproquo's zu organisiren und zu leiten, und das gelang John Perrier, der das Angenehme mit dem Nützlichen zu verbinden scheint. Seit

18 Jahren hat denn dieser Rothhäuptling eine geheime Armee aller Gamins von Genf und Umgebung zu bilden gewußt, die sich wie Freimaurer erkennen, die in ihrer Ganzheit wohl disziplinirt, von den besonderen Lieblingen des Meisters kommandirt sind, und überall in hellen Haufen hervorbrechen, anscheinend ohne Verabredung — und dem „Volksunwillen" einzelnen Personen, Parteien, oder Besitzthümern gegenüber, die ihnen mit dem Kollektivstichwort „Aristokraten" bezeichnet werden, handgreiflich, ja vandalisch Ausdruck geben. Das war übrigens blos die Infanterie dieses wohlorganisirten Terrorismus, dessen Vorhandensein lange Zeit die Gerichte völlig ignorirten, bis endlich dessen Thaten auf ganz unerwartetem Felde „zu laut gen Himmel stanken," wovon später die Rede sein wird. Die schwere Kavallerie dieser Geheimarmee, die Centgardes, das ist ein noch wuchtigeres Corps, die „Fruitiers d'Appenzell", jene Käsehändler der Ostschweiz, die hundertweise in Genf leben, denen das breite Messer nicht gut zu verbieten ist, da es zu ihrem bürgerlichen Metier gehört, und die denn gewöhnlich durch ihr bloßes Erscheinen — besonders da auch sie Wähler sind — den Wahlsieg entscheiden; geht das aber nicht so leicht, ihn ertrotzen, mittels blauer Flecken, oder auch kurzweg blutig. Diese sind direkt Fazy's eigene Leibgarde, die Jungens bloß Perriers Mannen, aber das Ganze wird von demselben Feldherrn geleitet, der seines Monarchen Winke versteht, und vor der Oeffentlichkeit die Verantwortlichkeit allein auf sich nimmt, sicher man werde ihn nicht in der Schmiere lassen, sondern gehörig seinen „etwas zu hitzköpfigen Patriotism" vertheidigen.

Diese Organisation spielte denn seit 18 Jahren hübsch harmonisch zusammen, um die Anarchiesymfonie dominirend durchzuführen. All die Wirthshäuser der Unterstadt und das Quartier St. Gervais sind das Lager dieser Landsknechte des Radikalism, der Feldherr hat dort sein Hauptquartier, theilt die Losungen aus, regt durch fulminanteste Banalitäten zu beständiger Kampflust auf, und läßt sie sich unter einander balgen, gibts eben keine Staatszwecke. Natürlich wäre die Existenz solch einer geheimen zivilen Soldateska nicht möglich, duldete sie die Regierung nicht absichtlich, noch mehr, wäre das Gerichtswesen einst durch Parteiinstinkt auf solche Zustände eingerichtet, und eher Abdämpfer als Appellation bei Klagen hierüber. So stellte sich denn noch etwa folgender, nur aus einzelnen sicheren Daten und Selbsterfahrungen nachzuweisender Zustand des sozialen Lebens in Genf ein. Wer zu irgend einem Richter wegen irgend eines Verbrechens, eines ihm zugefügten Schadens, oder Schabernaks klagen ging, dem redete der Richter selbst, statt die Klage anzuhören, höchst human zu, „man müsse nicht gleich über jeden Quark klagen, nicht Leute unglücklich machen, die mehr aus Leichtsinn, als aus böser Absicht fehlen u. s. w." Bestand aber der Kläger hartnäckig auf Untersuchung, nun, dann wurde der Fall zuerst der Anklagekammer zugewiesen, welche blos zu entscheiden hatte, ob der Fall überhaupt einklagbar sei, zu diesem Entscheid aber oft Opfer gebrauchte — ausgenommen die Klage war gegen irgend einen vulgär als „Aristokraten" Bezeichneten vorgebracht. In diesem einzigen Falle erfolgte sofortige Gerichtsverhandlung. Ebenso stand es bei der Polizei, die über jeden Fremden und Einheimischen Auskunft wußte, aber erst, nachdem man sich erklärt hatte, zu was man selbst über Jemanden Auskunft wolle. Nahmt Ihr einen Bedienten, oder Ausläufer, oder Kolporteur auf, und vertrautet Ihr dem einmal mehr als 50 Cent zu irgend welchem Zweck an — so konntet Ihr Euch eben andern Tags um einen andern Diener umsehen; aber es war nicht klug, zu forschen, wo denn der Andere, noch dazu mit Eurem Gelde, geblieben sein mag? Was Hausfrauen bei solchen Zuständen mit ihrem weiblichen Regiment an Erfahrungen durchzumachen hatten, das überstieg oft sogar Amerika, wo bekanntlich die Lady des Souterrän oft zur Lady im Salon im Reitkleide einzutreten pflegt, meldend, sie sei von Gentlemen eingeladen, ein paar Tage über Land zu gehen, und sie hoffe, Ma'am werde sich einstweilen schon so behelfen. — Ganz sicher durch diese Gelähmtheit aller Themisfunktionen, entwickelte denn das Sykofantenheer des Fazysm um so ungenirter seine Thätigkeit. Zensur und Preßgesetze gibt's in Genf nicht, blos persönliche Revanche bei voller Duellfreiheit — die freilich nur die dummen Fremden benützen, wie erst allerneuestens Lasalle — und etwas leicht erregbarer „Volksunwille".

Hatte nämlich Fazy aus irgend persönlichen Motiven, irgend wen auf den Streich, so gab's zwei Mittel, den Mann aus der freien Republik zu bugſiren. Entweder Fazy verlangte von der Polizei des Fatalen Ausweiſung, auch wenn deſſen Papiere in beſter Ordnung ſind, aber überwieſen als „Spion" irgend einer fremden „Despotenmacht". So wurden Struve als „ruſſiſcher(!)", Baron Röberer als „preußiſcher", Karl Heinzen als „öſtreichiſcher(!)" Spion, und Letzterer beſonders noch „weil er ſo hart auftritt, als gehörte der Boden ihm!" expulſirt. Geht ſolcher kurzer Prozeß aber doch nicht, oder lohnt es ſich nicht der Mühe, deßwegen die adminiſtrative Maſchinerie in Bewegung zu ſetzen, ſo wird einfach blos John Perrier ein Wink gegeben. Geht andern Tags der auf's Korn Genommene harmlos ſpazieren, ſo vertritt ihm plötzlich ein Rudel der Fruitiers den Weg, oder dieſe kommen ernſt herbei, wenn ungezogene Jungens dem Manne durch die Beine fuhren, und wenn er das nicht dulden will, die „armen Kinder" vor dem „Uebermuth des Ariſtokraten" ſchützen, und — die Prügelei geht los. Noch gut, retirirt ſich der Angegriffene erſchrocken in einen Laden — wie der badiſche Lieutenant Gloßmann einſt in die Buchhandlung Keßmann — dann wird er doch zuletzt nicht auch noch als „provozirt habend" arretirt, und wird nicht andern Tags mit Eskorte über die Grenze gebracht, ſondern kann ſie ſelbſt ſuchen, will er nicht noch ein zweitesmal die gezückten Meſſer blinken ſehen. Dabei muß aber noch bemerkt werden, daß keine Polizei in Genf ſoviel Einfluß hat, als eben die ruſſiſche, preußiſche, öſtreichiſche, franzöſiſche — wird ein Fremder geſucht, der nicht zur Partei Fazy gehört. Oeſtreichiſche Polizeibeamte arretirten auf dem Genfer Bahnhofe den Falſchmünzer L. Nagy; und auf bloße Anfrage von Wien her, ob eine bekannte Dame, die mit ihrem Liebhaber und ihren Kindern eine Exkurſion machte, ohne ihren Gatten davon zu avertiren, ſich wohl in Genf aufhalte? werden der Mutter die Kinder polizeilich entriſſen, und erſt freigelaſſen, als von Wien der Wink kam, man möge doch Mann und Frau allein überlaſſen, dieſen Streit auszutragen. Man ſieht alſo, Fazy hat nicht zu großen Ekel, den „Despotenſchergen" Dienſte zu erweiſen, und ihre „Spione" zu dulden — wenn nur die Republik ſelbſt nicht dabei in Gefahr geräth, nämlich Er.

Erſt jetzt, nachdem nichts mehr von des Gewaltigen Zorn zu fürchten ist, wird man mit allen Einbekenntnissen heranrücken, welch ein köstlich Leben seit 18 Jahren in dem freien Genf existirte. Wir wollen den Anfang mit einigem Selbsterlebten machen. Ein bekannter Züricher Professor kam eines Abends in das Stammkaffeehaus — aber etwas mit blauen Augen, denn kurzvorher hatte ihn auf dem Molard — also mitten in der Stadt — einige Herren gepackt, aus unbekannten Gründen tüchtig durchgewalkt, und aus Strafe für seine Opposition ihm Uhr und Kette konfiszirt, dann aber laufen lassen. — An einem andern Abende saßen wie gewöhnlich noch über Mitternacht einige Spieler im Café de la Porte, gegenüber der Rue Chanpoulet, aber bei verschlossenen Thüren, als heftig geklopft wurde. Nachdem der Wirth aufgeschlossen, stürzte ein junger Schweizer sehr aufgeregt herein, und erzählte, er sei, vom Bahnhof herabkommend, bei den leeren Hausgründen der Rue Montblanc von drei Individuen angefallen worden, habe aber sein Stilet gezogen — da Jedermann in Genf Stoßdegen trägt, — den Einen niedergestochen, mit dem Andern gerungen, der ihm in's Gesicht gefahren, während der Dritte entfloh, als er den Zweiten laut aufschreien hörte. Der Erzähler war weiß wie Linnen, zitterte vor Wuth, und suchte immer was hinabzuwürgen, was ihn anscheinend im Munde genirte. Als er endlich soweit zu sich kam, um sich in den Mund zu greifen, zog er — wörtlich wahr — ein Stück Fleisch hervor, das man als ein Stück Finger erkannte, welches der Angegriffene in blinder Wuth den ihm nach dem Munde fahrenden Angreifer abgebissen. Der Mann schien also kein Märchen zu erzählen! — Der Diener eines Hôtels stach in einer Nacht, etwas angetrunken, drei Personen im Quartier St. Gervais nieder, die ihm nichts weiter gethan, als daß sie ihm eben in den Weg liefen, als er den Mordparoxism bekam. — Ein Preuße, der in Gougny eine Campagne hatte, und gewöhnlich allein auf seinem Wägelchen, blos in Begleitung seines Hundes heimzufahren pflegte, kam eines Tages heim, mit Roß, Wagen und Hund, aber der Herr todt, erschossen von rückwärts; von wem? hat man nie untersucht. — Am Seeufer bei Eaur Vives wurde — in Gegenwart des Autors dieser Zeilen — die Leiche eines anständigen Mannes aus dem Wasser gezogen, ein Messer mitten im Leibe. Man hörte jedoch nichts mehr von der Sache. — In der Rue Bas des Allemands wurde ein junger Bürgerssohn im Streite mit andern Wählern niedergestochen — soll dann aber wieder aufgekommen sein.

Und solche kleine Tagsvorfälle ließen sich noch in die Hunderte herzählen, hätte man Gedächtniß genug, Alles, was erzählt wird, sich chronikgetreu zu merken. Jedenfalls hatte der Pariser „Constitutionel" als er 1862 jene soviel verschriene Filippika gegen Genf brachte, Gegenreden erhalten, sonst wäre es ihm ein Leichtes gewesen, seine damaligen Andeutungen im Tone von Lady Anna Ratcliff auch durch Beispiele zu beweisen.

VIII.
Fazy's Leibgarde.

Uebrigens, will man diese Ondits durchaus für übertrieben halten, und verlangt nach stichhaltigeren Beweisen, so kann zum Schlusse dieser bloßen Skizze ein Prachtexemplar von Symptom der gesellschaftlichen Zustände in jenem Freistaate, wie sie unterm Scepter James I. bestanden, und von John Perrier geleitet wurden, servirt werden, und zwar in gerichtlicher Zubereitung, sogar mit doppelter Blutsauce, denn der Ermordete blieb todt, der Mörder aber wurde öffentlich hingerichtet, und der Inhalt der geheimen Gerichtsverhandlung durch das Journal de Genève zur Warnung und Nutzen ausgedruckt.

Es ist die traurige und skandalöse Geschichte des Maurice Elcy. Im Frühjahre 1863 wurde eines Morgens im Wassergraben der die Promenade umgibt, auf welcher das Theater steht, die Leiche eines Ermordeten hervorgezogen, der in Folge mehrerer Stiche, und über den hohen Bastionravin geworfen, augenscheinlich die Nacht vorher geendet hatte. Man erkannte einen Uhrmacher aus der Unterstadt, der zugleich mit Uhren handelte. Er war beraubt. Als Tausende Neugieriger zusammenliefen, mischte sich auch ein junger Bursche, etwa 25jährig, der Sohn eines altgedienten Gendarmen, unter die Gaffer, mit der Miene eines Zuschauers, der keine Ahnung von dem Vorfalle habe. Doch plötzlich ward eben dieser junge Elcy als der Mörder an=

geklagt und verhaftet. Bei der Voruntersuchung und bei den Gerichts-
verhandlungen blieb er fest bei der Behauptung, der Ermordete habe
des Nachts sexuale Angriffe auf ihn gemacht, und um sich zu wehren,
habe er ihn umgebracht. Es wurde leicht konstatirt, daß kein wahres
Wort an dieser Denunciation sei, vielmehr der Ermordete, ein älterer
Mann, in engsten ehelichen Verhältnissen lebte; und Jedem lag ein
Raubmord vor. Der junge Verbrecher jedoch blieb höchst frivol, und
überhaupt herausfordernd, bei seiner Behauptung. Aber der Vorfall
machte so ungeheures Aufsehen, ja allgemeine Erregtheit, die Zeugen-
aussage einer stummen Bettlerin, die den nächtlichen Vorfall mit angesehen, und einige andere Zeugenaussagen waren zu schlagend, zudem
standen die Genfer Zustände auch schon den Besseren unter den Radikalen nicht mehr an, die doch wenigstens Garantie ihres eigenen Lebens
wollten — und der Ermordete war von ihrer Partei, — endlich bei
Zusammensetzung der Geschwornen ließ sich kein Parteimanöver aus-
führen, — genug, Elcy wurde mit großer Majorität zum Tode verurtheilt, und dies Erkenntniß imponirte so sehr, daß es auch in der
Appellation vom Staatsrathe bestätigt wurde. Alle Bemühungen Fazy's
und John Perrier's waren vergeblich; letzterer demonstrirte erfolglos:
„es war mein Bester beim Einfall in Savoyen!" Der Delinquent hatte
nur mehr drei Tage zu leben. Ueberzeugt endlich vom Absolutum des
Urtheils, machte denn der Kondemnirte zuletzt Geständnisse, die ein grel-
les Licht auf die dunklen Schichten der Genfer Parteizustände warfen,
und selbst die Radikalen erschreckt auffahren machten. Die Sache verhielt sich in Kürze also. Nachdem John Perrier seine Gamins zu einer
geheimen Armee organisirt, und damit 18 Jahre lang den ganzen
Staat zu politischen Zwecken terrorisirt hatte, ergab sich selbstverständlich und consequent eine Demoralisation unter diesen Landsknechten, die
zuletzt nicht blos auf Kommando wirkte, sondern gelegentlich auch auf
eigene Faust. Besonders Elcy, zudem durch seine brutale Energie bei
politischen Aktionen, und durch seine Persönlichkeit, die die eines starken
und frechen Fleischerjungen war, Liebling und enfant gâté seines rothen
Freundes und Meisters, dadurch getragen von Fazy's Gunst, ward von
seinen unbändigen Trieben geleitet, eine Art Wallenstein jener Solda-

teska des Terrorismus zu werden. Vielleicht anfangs allein, später mit zahlreichen Anhängern, Mitverschworenen und Mithelfern, verlegte sich der energische und verschlagene Junge geheim und auf eigene Faust auf ein Raubrittersystem eigener Art, das übrigens die Polizeien bereits aller größeren Städte kennen, das eben durch eine zu schroffe Gesetzgebung erzeugt und noch immer genährt wird, und das in Paris als „Chantage" neuestens bereits von Dr. Tarbieu und dem Polizeirath Canler in seiner ganzen Blöße dargelegt wurde. In Genf nur ist hiezu besonderer Spielraum, da die Republik, in Consequenz ihres Prinzipes, für alle Bedürfnisse der Bevölkerung, auch für jene aus denen nach Liebig die Chinesen den Hauptfortschritt ihrer Agrikultur ziehen, durch öffentliche Anstalten, selbstverständlich auf abgelegenen Orten, zu sorgen hat. Diese Orte geben dann das Theater für Ueberrumpelungen verblüffendster Art ab. Man lauerte Harmlosen auf, und trat plötzlich in Momente unmöglicher Entweichung mit der Parole vor: entweder Uhr und Börse, oder sofortiger Lärm, es sei ein — nicht gut aussprechbares — Attentat beabsichtigt gewesen. Die Betroffenen, deren größter Theil natürlich kaum ahnte, von was eigentlich die Rede sei, fühlten sich aber schon so erschrocken und schamroth bei dem bloßen Gedanken, unter solch eine Anklage fallen zu können, waren zudem meist dumme Bauern oder Landpächter, die gewaltig vor den Gerichtshöfen der Stadt bangten, und die daher nicht nur willig auslieferten, was sie bei sich hatten, sondern obendrein auch später auf gerichtliche Aufforderung hin sich zu keiner Klage meldeten, lieber allen Verlust verschmerzend, als in solch einem skandalösen Prozesse als Opfer zu figuriren. Elcy gab aber über 500 Fälle an, die er selbst geleitet, und Tausende die er von seinen Spießgesellen wußte, aber er kannte nur sehr wenige Opfer persönlich, und als diese vorgeführt wurden, leugneten sie rundweg. Eine selbstverständlich geringere Zahl an weiblichen Opfern gab übrigens Fazy auch an, darunter zwei, die nur durch Zufall nicht schon vor Jahren in einem Morde endeten. Daß sich diese Chantage aber nicht bloß auf bestimmte Orte und Personen beschränkte, ist selbstverständlich. Reichere Beute versprach mancher Fremde, der zu poetisch gestimmt, den Zauber um den Genfersee auch des Nachts ge-

nießen wollte, und harmlos an dessen Ufern, oder auf der Rousseau=
insel, oder im Dunkel der Promenade umherirrte, nach Nachtigallen
lüstern, und Banditen in die Hände fallend. Mancher besonders der
prüden Engländer, die aber doch überall ihre Nase dabei haben muß=
ten, erzählte darnach Mysteriöses „on nameless crime in Geneva." End=
lich traf Elcy jedoch auf besagten Uhrmacher, und da sich dieser durch
keine Drohung imponiren und chantiren ließ, sondern sich zur Wehr
setzte, kam es denn zuletzt wirklich zu einem Morde, der dann auch
dem ganzen Treiben blutig ein Ende machte.

Maurice Elcy wurde vor der Bastion des schönsten Platzes von
Genf, den links das Theater, rechts das Musée Rath, gegenüber die
Freimaurerloge und das Wahlpalais zieren, guillotinirt, unter Zu=
sammenfluß Tausender, die gern einen „Märtyrer der Aristokratie"
aus ihm machen wollten, und zwar trotz mehrfachen Protestes an jenem
Orte guillotinirt, der unter den Fenstern des Grafen Sebon liegt, wel=
cher — Schwager Cavours — seit so viel Jahren so viele Broschüren
für Abschaffung der Todesstrafe publizirt.

Nach Elcy's Hinrichtung fanden zahlreiche Arretirungen statt, und
etwa ein Dutzend „Söhne des Volks" wurden bei geschlossenen Thüren,
zu mehrjährigem Zuchthause verurtheilt. John Perrier soll aber sein
Nichtwissen der ganzen Verschwörung — des Auswuchses seiner poli=
tischen Organisation — gehörig konstatirt haben; wenigstens blieb er
nach wie vor frei und Agitator.

Begnügt man sich blos mit den theils gerichtlich, theils journali=
stisch bestätigten, Jedermann in Genf bekannten Thatsachen: daß 1)
Fazy's Schwägerin eine geheime Entbindungsanstalt hält; daß 2) Fazy
selbst im eigenen Hause eine Spielhölle duldete, die gerichtlich geschlossen
werden mußte; daß 3) der von seiner Partei auch pekuniär doch reich=
lich bedachtgewesene Führer der Radikalen während achtzehnjährigen
Bezuges der Präsidentengage nicht soviel erübrigen konnte, um die un=
bedeutendsten alten und schmutzigen Privatschulden zu tilgen, sich viel=
mehr wiederholter persönlicher Prostituirung dafür aussetzen mußte; daß
4) ferner Fazy Jeden, der ihm selbst unliebsam war, so sicher aus der

Republik bugsiren konnte, wie nur je ein absoluter Monarch; daß 5) in den 18 Jahren der Herrschaft Fazy's die persönliche Unsicherheit in Genf dermaßen zunahm, daß man beim Dunkelwerden mehr keine Straße der Volksquartiere passiren konnte, ohne Gefahr, niedergestochen oder ausgeraubt zu werden, wie genug der einzelnen konstatirten Fälle annehmen lassen; daß 6) die Geschichte mit der Maitresse vor den Augen aller Welt abgespielt wurde; daß 7) das langjährige Treiben der Bande noire des Maurice Elcy ein gerichtlich und exekutiv erwiesener Fall ist; daß 8) das Wirken der „Fruitiers b'Appenzell" bei den Wahlen, wie im Privatleben ebensowenig wegläugbar ist, als die Existenz und die blos politischen Thaten der Jungenschaft John Perriers, vielmehr daß die Organe des Radikalismus sich noch mit diesem „Organisationstalente" brüsteten; — begnügt man sich einstweilen blos mit diesen evidenten acht Punkten, so muß jeder Unparteiische gestehen: Zustände, in denen so etwas möglich war, sind ärger, als die unter ärgsten Despoten oder revolutionärer Anarchie, denn es war die Anarchie in Permanenz, aber zudem centralisirt in der Hand eines einzigen frivolen Despoten, der im Namen der Freiheit nur seine eigenen Gelüste befriedigte, und zu deren Schutz diese von ihm organisirte Anarchie als Geißel schwang, damit zu terrorisiren, wo ihm Widerstand entgegentrat, damit zu züchtigen, wo ihn etwas persönlich verletzte. Man kann sehr weit vorgeschritten sein in seinen Anschauungen über Moral und soziale Sittlichkeit, und die meist übertriebene Furcht vor Gefahr bei Aufhebung längst zopfig gewordenen Schranken mit noch soviel Recht der Vernunft belächeln, auf das Naturgesetz hinweisend, „es ist schon von selbst dafür gesorgt, daß die Bäume nicht in den Himmel wachsen!" und somit die richtigsten tolerantesten Consequenzen durch Annahme des Prinzips „Chacun a son goût" ziehen — man muß aber bei alledem doch diesen Tabak etwas zu stark finden! Denn es handelt sich bei dieser Frage nicht um Privatgelüste, sondern daß ein ganzer Staat zum Mistbeet dieser verschiedentlichen Privatgelüste eines Einzigen und seiner Mitstrolche gemacht wurde, und nicht einmal blos um diesen Gelüsten fröhnen zu können, sondern in der noch tieferen Absicht, durch diese Demoralisation aller Verhältnisse einen Zustand herbeizuführen, der einen andern politischen Hauptstaatsstreich reif und möglich mache, von dem gleich die Rede sein wird.

James Fazy war in der Lokalabsicht auf Genf nichts als der Fortsetzer Jean Kalvin's, freilich mit ganz andern Mitteln, unter scheinbar ganz verschiedenen Tendenzen und bei völliger Verschiedenheit des persönlichen Charakters. Der Aszet aus Noyon, und der Sybarit aus dem Quartier St. Gervais scheinen direkte Gegensätze. Der Eine war Frember in Genf, in dem er den Kuckuck spielte, der Andere ist legitimer Sprößling eben jenes von Kalvin geschaffenen Patriziats, an dem er zum Koriolan wurde, und zwar auch nicht aus edleren, blos kleinlicheren Motiven als jener römische Feldherr. Beide verfielen auf das leichteste Mittel, ihre einheimischen Gegner zum Schweigen zu bringen, indem sie dieselben durch einen herbeigeleiteten Strom Frember massig erdrückten und paralysirten. Beide setzten sich nun in Besitz dieses wichtigen Punktes, um ihn als Verkaufsobjekt in Händen zu haben, andere ihnen, und blos persönlich, wichtiger scheinende Erfolge damit zu gewinnen. Aber da Kalvin der Führer einer ganz Europa durchzitternden religiösen Bewegung war, so wollte er sein Pfand auch nicht für gemeine irdische Zwecke hergeben, sondern für Prinzipien, die ihm heilig schienen, für Anerkennung des Kalvinismus im katholischen Frankreich. Fazy dagegen, an der Spitze einer politischen und sozialen Bewegung hatte keine Doktrinen zu vertreten, blos um jeden Preis den Gegner zu stürzen und dann sich selbst zu halten; da er für letzteres aber keine Garantie in dem von ihm herbeigeführten Verhältnissen selbst hatte, vielmehr öfter gefährlich im Stich gelassen wurde, mußte er „Hilf Samiel!" schreien, und als ihm Samiel einigemal geholfen, gehörte das Terrain nicht mehr sein, blos höchstens dessen Nutznießung auf Lebenszeit, und dann „après moi le déluge."

Fazy's persönliche Laster wären daher noch zu verzeihen, hätten sie blos persönliche Folgen. Aber um ihnen fröhnen zu können, mußte er sich „dem ganz Andern" verschreiben — das wird eines Tages gewiß klar! — und die Früchte dieser Anarchie in Permanenz wird über kurz oder lang ein Anderer verspeisen, als die Radikalen Genfs. Mürber war noch keine Frage, seit Jahrhunderten schrittweis mürb gemacht, und doch von keinem der harmlosen Mitinteressirten ernstlich erkannt, als heute die Frage Genf ist.

Nur der verhältnißmäßig geringe Theil französischer Refugiés unter den Genfer Radikalen will nichts von einem Anfall an Frankreich wissen, nämlich an das imperialistische Frankreich; aber sobald wieder eine Republik Frankreich, sogar nur eine Stunde existiren würde, — nun, das versteht sich von selbst, daß Genf naturgemäß und vernunftgemäß organisch mit in das Projekt gehört!

Die Radikalen Genfs haben keinerlei Sympathie für die Schweiz, weder nationale, noch konfessionelle, noch politische, aber in jeder Beziehung sehen sie das französische Volk für ihre natürlichen Brüder an, und zwar noch dazu, objektiv betrachtet, mit vollem Rechte; denn angeboren französischen Geistes sind unter allen sechs französirten Kantonen der Schweiz nur die Genfer, und heute besteht ihre Hälfte zudem aus direkt gebornen Franzosen. Frankreich sieht auch nur Genf als seinen natürlichen Sohn und nationalen Blutsverwandten an; denn französisches Geistesleben hat nur in Genf einen ebenbürtigen Ableger erhalten, nicht in der sonstigen französirten Schweiz, noch im gallisirten Belgien. Das gesammte „Frankreich außerhalb seinen momentanen staatlichen Grenzen" hat dem Mutterlande nicht Einen bedeutenden Geist, nicht Einen Führer in Kunst und Wissenschaft erzeugt; das kleine Genf allein Dutzende der ersten und zweiten Größen französischen Geisteslebens — einen Rousseau, Necker, die Staël, Decandolle und de Saussure, Rudolf Töpfer, Ch. Didier, V. Cherbuliez u. s. w. die ausgesprochen zur französischen, nicht blos zur genfer Literatur gehören, obgleich einige der Genannten in politischer Anschauung patriotisch zur Schweiz hielten und halten. Auch das Arbeitervolk in Genf ist französisch gesinnt, wenngleich durchaus nicht kaiserlich; aber es schmeichelt ihnen, der „großen Nation" anzugehören, wenigstens national, während sie es staatlich freilich mit der Schweiz halten, so lange nur diese allein ihnen den Republikanismus zu garantiren vermag. Ausgenommen diesen Republikanismus haben daher die Radikalen Genfs gar kein Interesse, gute Schweizer zu sein, denn auch ihr Handel hat überwiegend französische Tendenzen und Verbindungen, ihre Industrie ist bekanntlich eine direkt aus Frankreich — durch die kalvinischen Refugiés — vor Jahrhunderten hierher verpflanzte. An der Schweiz zu halten haben nur die Independenten ein wirkliches Interesse, hauptsächlich auch das, daß ihnen nur dieser Bund die Freiheit garantirt, und zwar die Freiheit mit Ordnung, da ihnen Freiheit nur in diesem Sinne, aber dann auch wirkliche Freiheit, geistiges und soziales Bedürfniß ist.

Unter den Radikalen gibt's aber noch eine Hauptpartei, die ohnehin schon längst mit Frankreich geht, und zu den Glaubensgenossen jenseits des Jura und der Alpen als zur Mutterkirche hinblickt; das sind die savoyischen Katholiken Genfs. Wer die Disziplin des französischen Ultramontanismus kennt, dem ist es von selbst klar, daß sich kein französisch sprechender Katholizismus irgendwo denken läßt, der nicht puppenhaft der Sklave des Episkopats und der Spezialität der Kirche Frankreichs ist. Man muß selbst Katholik sein, um diese Frage richtig zu verstehen. Die gallische Kirche ist aber eben so Propagandistin des Franzosenthums als irgend ein anderer Faktor dieses letzteren. Für die französische Kirche ist es aber eine höchst reizende, alle Ambition erweckende Aussicht, wieder völlig Herr gerade im Rom des Kalvinismus zu werden, das Werk des François de Sales zu vollenden, und der Mutterkirche dies verlorne, Jahrhundert lange so stöckig gewesene Schaf wieder zu gewinnen. Jene Uebereifrigen werden in diesem ihren Kalkul gar nicht genirt durch Hinweis auf die Thatsache, daß der Kalvinismus in Genf ja ohnehin nicht mehr existirt, sondern nur noch mit englischem Gelde in den Eaux-Vives ein von Niemanden außer Schottland beachtetes Privatleben fristet. Sie antworten, aber der Lutheranismus einentheils, anderntheils die nichtsglaubende Aufklärung habe sich an seine Stelle gesetzt; und so arbeiten sie denn fleißig fort. Daß der Katholizismus gleiche Rechte haben will mit jeder andern Konfession in Genf, ist so natürlich als billig. Aber er will auf dies Recht hin Propaganda machen, und zwar im französischen Ultramontanismus. Also während er wohl kaum eine Seele gewinnen wird, trägt er jedenfalls mit dazu bei, den Gallizismus in Genf immer mehr Boden gewinnen zu machen. Fazy nur wußte von Anfang her, daß Das aus dieser Verbindung herauswachsen werde, trotzdem scheute er vor ihr nicht zurück, denn er verließ sich auf seine staatskünstelnde Geschicklichkeit, eine Partei durch die andere zu paralysiren, und die Vermehrung der französischen Sympathien ist ihm, seinem ganzen Wesen nach, nur willkommen. Er, der radikale Freigeist, soutenirte denn auch den Katholizismus als eines seiner Mittel, spielte mit ihm aber gerade so wie mit all seinen andern Mitteln, bis er sich vielleicht doch einmal auch mit diesem Messer schneidet, wie es ihm schon mit andern passirte; freilich, vorausgesetzt, er kommt doch nochmal nach Genf zurück, was nach neuestem Stand der Dinge sehr zu bezweifeln ist. So war er es, der dem Monseigneur de Marilly, den durch den Sonderbund verjagten Bischof von Fribourg, diesen ewigen Hetzer und Unruhstifter, erlaubte, nach Genf zurückzukehren und „heilige" Messen zu lesen. Er mußte endlich einmal den Ultramontanen eine Abschlagzahlung leisten, und ging dabei selbst vor des Bischofs Ankunft auf Reisen, wie er das immer pflegt, wenn er eine Suppe eingebrockt, die Andere auslöffeln sollten. Als aber die Genfer hierüber parteieinstimmig ungeheures Spektakel schlugen, und den Bischof wieder verjagten, kam Fazy zurück, schob die Schuld auf seine Kreaturen, während er sich bei den Katholiken entschuldigte, er seinerseits habe sein Wort gelöst. Um so besser vertrug er sich nun mit dem feinen Abbé Marignac, der ihn versteht, und dem gegenüber er die Gefälligkeit hatte, die Miene anzunehmen, als verstände er dessen Endziele nicht.

Uebrigens Fazy hatte für Frankreich nur die Mühe, durch permanente Anarchie, und das Uebergewicht französischfreundlicher Parteien Genf selbst mürbe, eine Opposition dagegen ungefährlich zu machen. Daß jedoch Alles „brumherum" noch rechtzeitig französisch werde, daß der Kreis sich immer enger schließe, und zuletzt das Genf wie ein Bissen im offenen Rachen liege, wobei es nur vom Willen des Racheninhabers abhängt, dessen Kiefern zu schließen, dafür hat schon Frankreich selbst, hat die geschichtliche Entwicklung seit Jahrhunderten, deren ungeschicktester Akkoucheur, die h. bumme Allianz, und hat endlich die Indifferenz des übrigen Europa gesorgt.

Man nehme die nächstbeliebige Karte der Schweiz zur Hand, und man wird finden, daß es eine reine Kourtoisie von Frankreich ist, Genf noch nicht „annektirt" zu haben. Wer Teufel sollte es daran hin=
dern? Italien, Deutschland, England? Oder allein die brave Schweiz? Man sehe nur: Genf ist auf der linken Seite der Rhône nur noch durch eine schmale Landstraße mit der Schweiz verbunden, auf der rechten, der Montblancseite, liegt es völlig isolirt, und mitten durch Genf führt die französische Eisenbahn nach dem rechten, nun fran=
zösischen Seeufer. Links der Jura, d. h. Frankreich bis 'hinab nach Hüningen neben Basel, also bis zur badischen Grenze; rechts Savoyen, d. h. das neue, das Muß-Frankreich bis ins Wallis; und jenseit der Alpen Piemont. Höchst komisch nimmt sich der Genfersee selbst auf den neuen Karten aus. Auch die Wassermenge ist zur Hälfte getheilt, halb dem rothen Kreuz im weißen Felde, halb der Trikolore unter=
thänig. Genf hat das fatalistische Symbol im Wappen: den Schlüssel und den Adler. Der Aar ist leicht zum kaiserlichen umfrisirt, und Genf ist in der Hand eines progressiven Volkes wirklich der Schlüssel zu Mitteleuropa. Die Genferfrage ist zehntausendmal lockerer und heute schon leichter zu lösen, als die Rheinfrage, und letztere dient viel=
leicht nur dazu, um zu flunkern und das Interesse abzuziehen, soll die wirkliche Eskamotage am Leman vorgenommen werden. Wenn man, gleich dem Schreiber dieses, nicht die Ehre hat, Deutscher zu sein, so hat man auch nicht die patriotische Pflicht, jede Vogelscheuche wüthend anzu=
bellen, die Aehnlichkeit mit dem Schnurrbarte der Sphynx in den Tuilerien hat. Wir andern Völker können nur gewinnen, wenn „Er" noch lange nicht aufhört „etwas Leben in die Bude zu bringen", und die „fremde Hand" sich noch in Allerlei mischt, was durch diese Ein=
mischung zwar nicht in unserem Sinne umgestaltet, aber doch aus der Stagnation aufgerüttelt wird, die unser eigenes Streben bleischwer erdrückt. Der Schreiber dieses daher, ohnehin kein Franzosenfresser, schließt sich aber nicht Jenen an, die ununterbrochen die Sturmglocken der Leitartikel gegen die Gefahr vom Westen her so betäubend läuten, daß man sein eigenes Wort nicht versteht, und gar nicht hört, wenn der Feind einmal wirklich kommen sollte. Von solchem Standpunkte

aus wäre es daher gleichgültig an sich, ob Genf zur Schweiz oder zu Frankreich gehört. Und zudem erkennen wir das Nationalitätsprinzip in allen seinen Konsequenzen an, also auch, sollte es den zurechnungsfähigen Genfern wirklich einmal und freiwillig einfallen, zu Frankreich gehören zu wollen, was übrigens sehr zu bezweifeln bleibt.

Jedoch in Konsequenz dieser Prinzipe muß auch eingestanden werden, daß eine territoriale Vergrößerung Frankreichs weder für selbes noch für Europa ein Segen, vielmehr Anlaß zu neuen Unterbrechungen der organischen Entwicklung gesammter, wirkliche Freiheit erstrebender Menschheit wäre. Dann ist Genf, wie gesagt, nicht blos ein Stück der Schweiz, sondern der Schlüssel zu Mitteleuropa, zu Italien wie zu Deutschland, und einem blind ehrgeizigem Volke darf man keine offene Thür in Händen lassen, kann man das verhindern. Ferner hat sich die Schweiz zu solcher bürgerlichen Freiheit entwickelt, daß sie, nicht in allen, doch in vieler Beziehung als Musterstaat für Alle gelten kann, welche auch dem übrigen Europa volle, auf dem souveränen Volkswillen beruhende Freiheit wünschen. Frankreich dagegen, das ohnehin von jeher nicht blos französische, sondern Weltfragen und Menschheitsprinzipe zu lösen hatte, kann schon dadurch noch nicht so abgeklärt ruhig und in allen Parteien ausgeglichen sein, als ein kleines Volk, das für sich lebt, und zudem durch abnorme geografische Lage in seiner Art inmitten der übrigen kontinentalen Fragen so isolirt, dadurch von Mitleidenschaft geschützt ist, als nur noch England. Es läßt sich demnach das Wort des h. Paulus übers Heirathen in einer Variation den Genfern, und den um diesen Freistaat bangenden Parteien Europa's anrathen: Gut ist der Ruhm, und um Mittheiler bei selbem zu sein, besonders beim Ruhm „an der Spitze der Zivilisation zu marschiren" — welch süße Illusion! — muß man sich Frankreich anschließen. Aber besser ist die Ruhe wirklicher Freiheit mit Ordnung, was keine Illusion ist, denn James Fazy und seine sympathisirenden wenigen Radikalen in den übrigen Kantonen abgezogen, existirt dieser Zustand schon in der Schweiz. Dann muß man aber wacker an die Schweiz halten, damit nicht die Prosezeiung des Klabberabatsch unversehens zur Wahrheit wird:

Und dann nimmt Er Genf
Noch dazu als Senf,

nämlich beim Diner zur Verschluckung einiger anderen, mehr fleischigen Brocken.

In der Schweiz aber gibt es nur Eine mögliche, der Freiheit gefährliche Reaktion: der Wiederbeginn des bisherigen Regiments James Fazy's. Die Genfer Radikalen ohne ihn, nun, die wären noch zu bändigen durch gleiche Interessen. James Fazy aber hat nur Ein Interesse, das eigene, sich zu halten, um jeden Preis, also nöthigenfalls auch um den des Verraths an das Ausland. Wollen die Genfer französisch werden, so ist das kein Verrath, denn sie haben, wie jedes Volk, das Recht der Selbstbestimmung. Wer sie aber dazu führt, daß ihnen keine freie Alternative bliebe, und sie gegen ihren Willen durch künstlich herbeigeführte Zustände in ein ihnen als solches erscheinendes Joch gezwungen würden, — der allein ist Verräther.

IX.
Genf's jetziges Geistesleben.

Um nun nicht mit einer Dissonanz zu schließen, die durchklänge, als sei an den Genfern selbst bei dieser ganzen Frage nichts gelegen, und als wäre dieses kleine merkwürdige Völkchen nicht noch immer ein höchst beachtenswerther Faktor der geistigen Entwicklung gesammten Europa's, so darf wohl schließlich bemerkt, und flüchtig nachgewiesen werden, daß Genf auch noch heute — während der 64 Jahre all diesen Troubles, und während der 18 Jahre dieser letzten schlechten Regierung — einer der bevölkertsten Musensitze der zeitgenössischen Denkerrepublik zweier Welten ist.

Freilich Genies gleich Rousseau und der Staël-Holstein weist es heute nicht mehr auf, gebar es im 19. Jahrhunderte nicht; noch auch hat der Leman seither je wider einen Fremden an seinen Ufern gesehen, von solch souveränem Einflusse auf die allgemeine geistige Bewegung, als seinerzeit Voltaire von „Aux Delices" aus, volle 21 Jahre ausübte. Byron war nur ganz kurze Zeit in Genf, und schrieb seine in der Schweiz entstandenen Poesien in Ouchy.

Aber noch werden besonders die exakten Wissenschaften, nicht minder schöne Literatur, in Genf von mehr und bedeutenderen Freunden derselben im Stillen gepflegt und gepflogen, als wohl sobald an keinem zweiten Orte solch winzigen Territoriums. Noch ist Genf der Hauptort geistiger Produktion in der gesammten Schweiz. Und unter allen Ländern französischer Zunge außerhalb Frankreich hat dies Genf das meiste geistige Leben, stellt noch fortwährend das reichste Contingent zur allgemeinen französischen Literatur, gibt in Paris mit den Ton an. Leider existirt die unverzeihliche Thatsache, daß die schweizer Bundesregierung es sich nie beifallen ließ, Pflichtexemplare der Drucke aus allen Kantonen an einem Centralorte zu sammeln, und diese erste Pflicht der Zivilisation zu dekretiren. Dieser bauernhaften Rücksichtslosigkeit verdankt es denn die Schweiz auch zumeist, daß sie im geistigen Leben Europa's noch immer für Null gilt, während Einzelne ihrer Gelehrten, denen es gelingt, durch eigene Fakultäten auch auswärts bekannt zu werden, dafür nur persönliche, nicht nationale Huldigung erndten.

In Genf leben noch jetzt, oder verstarben jüngst, oder sind und waren von dort gebürtig, folgende Sommitäten in Wissenschaft, Literatur und Kunst.

General Henry Dufour, geb. 1787 zu Konstanz, doch aus Genfer Familie, der Held und Bändiger des Sonderbundes 1847, früher kaiserlich französischer Offizier, Lehrer und Freund Napoleon III, lebt mit seiner einzigen Tochter zurückgezogen auf seiner Campagne in Contamines. 1856 figurirte er im Genfer Rath neben Fazy, denn er geht bis an die äußersten Konsequenzen des Radikalismus mit, aber nie eines blos lokalen, sondern stets schweizerischen. Er ist daneben als Militärschriftsteller durch seine „Geschichte der Artillerie der Alten und des Mittelalters" 1840 und sein „Handbuch der Taktik" 1842 eben so europäisch berühmt, wie als Kartograf durch die sektionsreiche und meisterhafte Dufour'sche „Karte von Frankreich". Spricht gut deutsch.

Edouard Boissier, geb. 1810 — der Schwager des Grafen

Gasparin — gilt als einer der bedeutendsten Botaniker der Gegenwart, war lange in Spanien, Griechenland, Orient, publicirte 5 Bde. botanischer Kategorisirungen und Reisen, Erstere lateinisch, Letztere französisch. Er lebt nur selten in seinem Familienhause in Genf, meist auf seinem Sitze „Au Rivage" bei Chambésy in Savoyen, und konsumirt viel deutsche Literatur.

William de La Rive, geb. etwa 1830 — der Sohn Auguste's — der intime Freund des Duc d'Aumale, viel auf Reisen, wurde erst neuestens als Schriftsteller mehrfach bekannt, namentlich durch die Memoiren über seinen Onkel „Der Graf Camillo Cavour" 2 Bde., die zuerst in der Genfer Revue, dann bei Hetzel in Paris, und auch deutsch von Kertbeny, Leipzig 1863, erschienen und viel Anerkennung fanden. Er spricht deutsch.

F. J. Pictet, geb. 1809 — der beühmte Paläontologe, — zuerst Professor der Akademie Genf, dann in Paris, wo er noch wirkt, in seinem Fache weit berühmt durch sein Werk über Phryganiden, Genf 1834; die Naturgeschichte der netzflügeligen Insekten, 2 Bde, Genf, 1841; besonders aber durch die „Paläontologie" 4 Bde., Genf 1844, zweite Ausgabe, Paris, 1853; und durch das Monumentalwerk „Schweizerische Paläontologie" davon seit 1854 in Genf 22 Hefte in 4 mit 127 Kupfern erschienen.

Adolphe Pictet, geb. etwa 1808 — Vetter des Paläontologen — der jetzt berühmteste der Genfer Repräsentanten in der Wissenschaft! — Mitglied des Pariser Instituts, war früher Schweizer Artillerieoffizier, lebt aber seit Jahren in Paris. Anfangs übersetzte er Zschokke; rasch aber warb er europäische Bedeutenheit durch die Werke „Der Kultus der alten Irländer" Genf 1824; „Von der Affinität keltischer Sprachen mit dem Sanskrit" Genf, 1837, welche Arbeit durch das Pariser Institut gekrönt wurde. Sodann brachte er „Gallische Inschriften" Paris 1858; und besonders das Aufsehen erregende: Die indoeuropäischen Urdokumente, oder die Aryas; „Versuch linguistischer Paläontologie" 2 Bde., Paris 1859. Versteht selbstverständlich deutsch.

Antoine Cherbuliez, geb. 1797, zuerst Advokat, 1833 Nachfolger des Grafen Rossi als Rechtsprofessor der Genfer Akademie, von

1821—1848 Bundesrath, seither Professor in Zürich, Nationalökonom liberaler Partei, in diesem Fache Dutzende von Schriften publizirend, war von jeher der erbittertste Gegner James Fazy's. Schreibt auch deutsch.

Joël Cherbuliez, geb. 1806, — der bedeutendste Verlagsbuchhändler romanischer Schweiz, einer der ersten protestantischen von Paris — publizirte auch selbst mehrere Werke, namentlich Uebersetzungen nach Zschokke, Fr. v. Schlegel u. s. w. und liefert die Schweizer Korrespondenz für die Revue des Deux Mondes.

Mme. Tourte-Cherbuliez, geb. 1819, Gattin des Verlagsbuchhändlers, veröffentlichte 5—6 Bde. Jugendschriften, meist Uebersetzungen.

Marc Cherbuliez, geb. 1810, emeritirter Pastor, scharfer Dogmenkritiker, publizirte einige Aufsätze in diesem Fache.

Victor Cherbuliez, geb. etwa 1830, Sohn des Pastors, ist unter allen jetzigen Genfern rasch der Berühmteste als Belletrist geworden, und europäischer Liebling. Er debutirte 1860 mit dem „Gelegentlich eines Pfades". Athenienfische Causerien", von da ab fast nur für die Revue des Deux Mondes schreibend, wo er zuerst durch den Roman „Der Graf Kostka" wahrhaft Aufsehen erregte. Seitdem publizirte er weiter derlei geistreiche Romane. Er spricht etwas deutsch.

John Petit-Senn, geb. 1790 — der eigentliche „Genfer Poet" — ist in Aller Hand durch seine „Sämmtlichen Werke" 2 Bde., Bern 1840; durch das in drei Auflagen erschienene „Nizza" Genf 1842. Drei Auflagen erlebten auch seine „Bluetten und Boutaden" Paris 1845—1851. Sein neuestes Produkt war „Literarische Bizarruren" Genf 1852. Auch erschien eine Auswahl seiner witzigen Einfälle und Bilder aus Genfer Landleben deutsch, Zürich 1862.

Pierre-André Sayous, geb. 1818, ein Verwandter Rudolf Töpfers, ist der jetzt bedeutendste Genfer Literaturhistoriker. Von 1846 an in seiner Vaterstadt Professor, lebt er seit 1852 in Paris als Beamter im Ministerium des Innern, ist seit 1859 Direktor der nichtkatholischen Kulte Frankreichs, und gehört zur Ehrenlegion. Er debutirte literarisch mit den „Studien über Kalvin" 1838. Bedeutender sind seine „Literaturstudien über die Reformation", 2 Bde, 1841; aber sein Bedeutendstes ist die von der französischen Akademie gekrönte „Geschichte französischer Literatur des Auslandes", 2 Bde, 1853. Auch gab er heraus die „Memoiren und Korrespondenz des Mallet du Pan", 2 Bde, 1852.

Didier, Charles, der, bekannte französische Romanschriftsteller, geb. 1805 zu Genf, der 1864 durch Selbstmord in Paris starb, war ebenso fruchtbar als vielseitig. Er publizirte Anfangs allerlei schweizer patriotische Gedichte, hatte daheim Rechte studiert, war in Paris Mitredakteur des National, 1848 von der provisorischen Regierung nach Polen und Deutschland in geheimer Mission geschickt. Zu den berühmtesten seiner Publikationen gehörte der „Besuch beim Herzog von Bordeaux", 1850, der in 15 Tagen 15 Auflagen erlebte. Schon 1833 hatte sein „Unterirdisches Rom" 10 Auflagen erlebt. Viel gelesen waren seinerzeit seine Reisen in Spanien 1837, in Marokko 1844, in Mekka 1856, die 15 Tage in der Wüste 1857, und die 500 Meilen auf dem Nile 1858, sowie die Liebschaften in Italien 1859. Er soll Memoiren hinterlassen haben, die gewiß merkwürdig sind.

Marc Fournier — der bekannte Pariser Dramatiker — ist geboren 1815 zu Genf, lebte in Folge der Verwicklung in die Verschwörung Ramorinos, von 1838 an in Paris, ist seit 1851 Direktor des Theâtre Porte St. Martin, und als Autor genannt durch seine „Libertiner von Genf 1848; das Drama „Pailloche", 1852, und den Roman „Mde. de Tencien", 2 Bde.

Theodore de Saussure, geb. etwa 1826, — der Enkel des berühmten Montblancbesteigers — ward in Deutschland erzogen, dessen Sprache er geläufig schreibt, dann viel auf Reisen, auch in Amerika, lebt nun im väterlichen Palais, verheirathet mit einer Gräfin Pourtalès, ist Bundesoffizier, und war im Genfer Großrath stets der Führer und Sprecher gegen Fazy. Er publizirte mehrere politische und militärische Broschüren.

Henry de Saussure, geb. etwa 1827, — der zweite Enkel des Montblancbesteigers — ergab sich botanischen Studien, lebte viel in Amerika, jetzt in Genf, und publizirte die Monografie der Wespen, Genf, 1850. 17 Hefte.

Auguste Chavannes gewann durch sein Werk über die Krankheiten der Seidenwürmer, Genf, 1862, den Preis des k. lombardischen Instituts.

G. Hurt-Binet veröffentlichte die gutgeschriebenen „Neun Monate in Nordamerika". Genf, 1862.

E. de Bubé, geb. etwa 1835, aus jenem altberühmten Genfergeschlecht, das Frankreich und Sardinien Marschälle geliefert, publizirte seit 1860 schon zwei Bändchen lyrischer Gedichte.

Graf Agénor Gasparin, geb. 1810 zu Orange, also Franzose, Sohn des Ministers, bis 1846 französischer Deputirter, seither Schweizer Bürger, vielschreibend und Vielerlei. Seine „Interessen des Protestantism" 1843; das Werk „Gegen Negersklaverei" 1838; die „Verbotene Bibel" 1853 sind ebenso bekannt, als ihr logischer Gegensatz „Die tanzenden Tische" 1854.

Gräfin Valérie Gasparin, geborene Boissier, geb. 1815 zu Genf, seit 1846 vermählt. Sie gehört, trotz absonderlicher pietistischer Färbung zu den „berühmten Frauen der Gegenwart" durch ihre vielgelesenen Werke: „Die Ehe von christlichem Standpunkte" 1842. „Es gibt in Paris wie anderswo Arme" 1846 — welche beide Schriften den Montyonpreis gewannen. — Sodann publizirte sie „Reisen im Süden" 1848, „Reisen in der Levante", 3 Bde. 1849. Am bekanntesten sind ihre „Horizonte der Zukunft," und „Horizonte des Himmels", beide anonym, 1859. Ihre Charakteristik erschien 1864. Brüssel.

Alphonse Decandolle, geb. 1806 in Paris — der Sohn des berühmten Genfer Botanikers, des 1841 verstorbenen Augustin Decandolle — studirte zuerst die Rechte, war dann 18 Jahre lang Professor der Botanik der Akademie Genf, Direktor des botanischen Gartens, ist seit 1851 Korrespondent des Pariser Instituts, seit 1852 Ritter der Ehrenlegion. Als Schriftsteller machte er sich vortheilhaft bekannt durch seine Monografie der Glockenblumen 1830, die der Kartoffel in Mexiko, 1852; noch mehr durch die Einleitung in die Botanik, 2 Bde, 1854, und die Botanische Geografie, 2 Bde. 1855. Auch setzte er das 1824 von seinem Vater begonnene Monumentalwerk: „Prodromus systematis naturalis regni vegetabilis" fort, davon 1858 der XV. Bd. erschien; und gab die hochwichtigen „Memoiren" seines Vaters 1862 heraus.

Ernest Naville, geb. etwa 1820, — der religiöse Filosof, welcher jedenfalls auch schon Europa's Anmerksamkeit auf sich zu lenken beginnt, lebt zurückgezogen auf seiner hohen Warte am Mont Salive, der Genf beherrscht. Seine sieben Reden „das ewige Leben" — welche im Original seit 1860 schon zwei Auflagen erlebten — erschienen auch deutsch, von der Romanübersetzerin, Friederike Preßel, Leipzig, 1862. Interessant ist auch von ihm „Maine de Biran."

Mde. V. Geisendorf, geb. etwa 1820, machte sich am meisten bekannt durch „Die Dame in grauen Haaren" Genf 1858; „Adrian Sattori" 1859; „Der Hafen" 2 Bde., 1855; und neuestens „Herbstfrüchte", 1862; — Alles moralisirende Novellen.

François Bungener, Pastor, geb. etwa 1810, ist der Hauptautor der altkalvinischen Richtung, besonders in England viel gelesen und übersetzt durch seine Werke: Christus und das Jahrhundert, 1856; das Consilium zu Trient, 2 Bde., 1854; Marie und Mariolatrie, 1855; Rom und Paris, 1858; Rom und die Bibel, 1859; Rom und das menschliche Herz, 1860; die Arche Noah, 1860; Julian, oder eines Sekulums Ende, 4 Bde., 1854; drei Predigten unter Louis XV., 4. Auflage, 3 Bde., 1861; Eine Predigt unter Louis XIV., 6. Auflage, 1860; und Voltaire und seine Zeit, 2 Bde, 1851.

Albert Rilliet, emeritirter Professor der Akademie Genf, trat 1861 endlich mit der langerwarteten ersten Uebersetzung der Bücher des Neuen Testaments, nach den ältesten griechischen Urschriften, — mit Benützung Tischendorfs — hervor. Da Renan an gleicher Uebersetzung, doch für Katholiken, arbeitet, so wird man bald interessante Vergleiche anstellen können. Als Historiker hat er nicht minder Verdienst durch seine „Geschichte der Restauration Genfs," 1849.

H. J. Amiel, geb. etwa 1824, Literaturprofessor der Akademie, debutirte auch durch einen Band Gedichte, 1860, und durch versifizirte Uebersetzung von Schillers Glocke, zum Schillerfeste, gedruckt 1859.

Dr. Louis Appia, geb. etwa 1821, aus Deutschland, aber langher in Genf als Arzt ansässig, ist der eigentliche Anreger des jetzt in

Genf zusammen getreten gewesenen Kongresses zur Pflege der Verwundeten auf den Schlachtfeldern, war zu diesem Zwecke auch beim Feldzuge in Italien, und veröffentlichte dann das Werk französisch: „Der Chirurg der Ambulancen", 1859.

Henry Blanvalet, geb. 1818, Erzieher Rothschilds in Neapel, gilt als Genf'scher Viktor Hugo durch seine Gedichtsammlung „Eine Leyer, am Meere", 1850, davon die meisten Piécen auch deutsch übersetzt in einer Sammlung erschienen, welche 1860 als das erste in Neapel deutsch gedruckte Buch merkwürdig ist.

J. D. Blavignac, Architekt in Genf, zog die Aufmerksamkeit durch sein Prachtwerk, — Preis 25 fr. — auf sich „Geschichte der Kirchenarchitektur von Genf vom 4. bis 10. Jahrhundert" 1853. Auch gab er das „Genfer Wappenbuch" mit J. B. Galiffe heraus.

Abbé Boilat, — ein Genfer — schrieb die „Woloftische Grammatik", 1858.

A. E. Bétant, Akademieprofessor der Mathematik und des Griechischen, ist der Herausgeber der 4 Bde. Korrespondenz des Grafen Kapodistrias, 1839; und einer Textrevision des Thukydides, 2 Bde.

J. E. Cellèrier, seither gestorben, Pastor, der Enkel des berühmten J. J. E. Cellèrier, machte sich vortheilhaft bekannt durch seinen „Geist mosaischer Gesetzgebung" 2 Bde., 1836; durch die Einleitung ins Neue Testament, 1838, und durch die Studien über St. Jakob, 1850.

Jules Duy, geb. etwa 1819 zu Carouge, studirte in Heidelberg, dann Advokat, 1860 Justizminister Fazy's, publizirte mehrere Bändchen helvetisch-patriotischer Gedichte. Spricht sehr gut deutsch.

Paul Chaix, — der Sohn des Malers — Professor der Geografie, geb. etwa 1815, machte viele Reisen, spricht deutsch, und gilt als Fachautorität durch seine „Geschichte Mittelamerika's" 2 Bde., 1853, sowie durch seinen Atlas, und seine Karte Savoyens.

J. F. Chaponnière, — ein Bruder des jungverstorbenen Bildhauers — ist sehr beliebt als Genfer Genrebildnovellist, und auch durch seinen „Der optimistische Barbier", Paris, 1849.

F. Chavannes, konkurrirt als Poet durch „Der Genfer Almosensammler", 1860.

A. Richard, Staatsrath, Fayancer, Professor der Akademie, publizirte allerlei langathmige helvetisch-patriotische Epen.

Henri Dunant, Maler und Novellist, wurde durch seine so geistreichen als humanen, „Erinnerungen an Solferino" rasch auch über Genf hinaus berühmt, und in deutscher wie englischer und italienischer Literatur eingebürgert.

Henry Fazy — der junge Neffe des alten Demagogenkönigs, — geb. etwa 1840, Sekretär des Genfer National-Instituts, veröffentlicht in dessen Jahrbücher meist archäologische Abhandlungen.

Gustave Revilliod, geb. 1817, Präsident des Genfer historischen Vereins, erzogen in Deutschland, dessen Sprache vollkommen mächtig, benützt seine reichen materiellen wie geistigen Mittel um alte Genfer Chroniken — Bonivard, und so weiter, — mit jenem Luxus der Imitation seltener Drucke neu ediren zu lassen. Sein „Buch der Rektoren" 1559—1859 hat besondern historischen Werth. Auch übersetzte er Humboldt's Briefwechsel mit Varnhagen, 1860; und Sealsfield's Prärie am Jazyneto" 1863; sowie Dingelstedt's Guttenberg.

Alfons Claparède, geb. etwa 1830, — ein Schüler Johann Müllers in Berlin — gilt, auch in deutscher Literatur, als einer der genialsten und exaktesten Fysiologen der Gegenwart. Seine Werke erscheinen meist deutsch und latein, in Berlin und Paris.

George Streckeisen-Moultou, geb. 1830, der Sohn eines Berners, und der Enkelin von J. J. Rousseau's Freund, Paul Moultou, lebt zumeist auf der Campagne Chougny, in Paris und Rom, spricht vollkommen deutsch, und publizirte letztlich die sehr Aufmerksamkeit erregenden „Inedirten Werke J. J. Rousseaus", sowie die „Corresponbence mit J. J. Rousseau" beide 1863, Paris, Lévy.

Theobor Claparède, Pastor, trat ohnlängst mit einer „Geschichte der reformirten Kirche im Ländchen Gey" 1856, auf.

J. D. Choisy, Pastor, publizirte „Religiöse und filosofische Versuche", 1860; Ueber den sozialen Einfluß des Christenthums, 1861, und den Probromus einer Monografie der Johannispflanzen, 1821.

Dr. J. Ch. Coindet — auch ein Enkel eines Freundes Rousseau's — schrieb über Hygiene der Gefangenen, 1850.

J. Coindet, gab 1851 die Geschichte des Prinzen Ruprecht, aus dessen Memoiren heraus.

D'Albert Durade, Sekretär des Kunstvereins, ist besonders fleißig als Uebersetzer englischer Romane, edirte auch das „System der Aquarellmalerei," 1854.

W. Reymond lieferte einen interessanten Beitrag zur Kunstkritik „Ueber Alpenlandschaften und ihre Maler" 1859.

Auguste De La Rive, geb. etwa 1790, der bekannte Fysiker und Millionär, ließ auch im Drucke erscheinen, das Leben des A. P. Decandolle, 1851, und die 3 starken Bände „Abhandlungen über theoretische und angewandte Elektrizität", Paris 1852.

Charles Eynard ist der Verfasser der Erinnerung an die Reform in Italien, „Lukka und die Burlamacchi", 1847.

Alphonse Favre, Akademieprofessor, gab das „Memoire der Lias- und Keuperlager Savoyens" 1859, mit Zeichnungen.

A. Favre-Bertrand, geb. etwa 1818, eidgenössischer Oberst, einer der Genfer Millionäre, erzogen in Deutschland, publizirte 1862 eine Denkschrift über preußisches Heerwesen.

J. Gaberel, Pastor, vom Großherzoge nach Weimar eingeladen, sucht durch seine Werke „Geschichte der Kirche von Genf" 3 Bde., 1862; „Die Flüchtlinge des Edikts von Nantes" 1860; „Rousseau und die Genfer" 1858; „Voltaire und die Genfer", 2. Ausgabe 1860, zwischen den extremen Parteien zu vermitteln.

E. H. Gaullieur, Literaturprofessor der Akademie, starb leider zu früh, er hat höchst datenreiche Vorarbeiten geliefert durch seine „Studien über Literaturgeschichte romanischer Schweiz" 1856, die „Aeltesten Drucke der romanischen Schweiz", die „Annalen von Carouge" 1857, die „Nationalen Gaben", 1845; und die 2 Bde. „Die Schweiz, historisch und pittoresk" 1855, mit zahlreichen Illustrationen.

A. Fazy-Pasteur, — Bruder des Expräsibenten — erlebte mit seiner „Praktischen Agrikultur" 1851 die zweite Auflage.

Merle D'Aubigné, geb. etwa 1808, Pastor in Eaux-Vives, der Führer der altkalvinischen Partei, hat zahlreiche Werke publizirt, die besonders ins Englische und Deutsche übersetzt wurden, so seine „Geschichte der Reformation" 6 Bde. Er selbst übersetzte auch Schillers Tell. In Genf ohne allen Einfluß ist er es um so mehr in England, woher auch seine Kirche Subvention bezieht.

A. Vieusseux, geb. 1783 zu Genf, gest. 1863 zu Florenz, wanderte früh nach Italien aus, errichtete zu Florenz die Buchhandlung und das weltbekannte Lesekabinet, und war seit 1844 Gründer und Redakteur des berühmten „Archivo storico — italiano" davon bis 1864 180 Bde. im Druck erschienen.

Dr. E. Gosse veröffentlichte so eben „Ueber Strafanstalten mit Landwirthschaft", nebst 8 gestochenen Plänen des Architekten Charles Schäck-Jaquet — letzterer aus Böhmen gebürtig — Genf 1864.

Rudolf Töpfer, — der Sohn des Genfer Malers Abam Töpfer — geb. 1790, gest. 1840 ist hinlänglich in ganz Europa bekannt durch seine reizenden „Genfer Novellen", die „Reise im Zickzack" und als Zeichner durch die, von Goethe so belobten, mit der Feder gekritzelten Karrikaturenalbums „Albert", „Dr. Festus", „Vieux Bois", „Crépin", „Lebot" u. s. w. die in Paris und Genf in 7—8 Bänden autografirt erschienen. Er hatte ein Knabenerziehungsinstitut.

J. Huber publizirte 1849, als der Minister Graf Pellegrino Rossi in Rom ermordet worden, „Rossi in der Schweiz, 1815—1833." Bekanntlich war dieser berühmte Jurist Professor in Genf.

G. Mallet brachte den historisch wichtigen Beitrag „die Restauration in Genf 1814." Genf 1854.

J. L. Binet-Hentsch ist der Verfasser des Werkes, „die Alpen Engabin's", 1859.

W. Rey, meist in Paris lebend, machte zeitweilig Aufsehen durch „Oestreich, Ungarn, Türkei" 1849; „das protestantische Amerika" 1857; „die Graubündtner" 1850.

A. Pictet de Sagy, geb. etwa 1796, der Sohn des berühmten Pictet be Rougemont, erzogen in Deutschland, bei Goethe in Weimar, ist zugleich — nachdem er früher Staatsrath war, — der eigentliche, wenn auch nicht sehr kritische Historiker seiner Vaterstadt, und von seiner „Geschichte Genfs" erschienen bisher, von 1840—1864, 3 Bände. Er schreibt vollkommen deutsch.

Dr. J. B. Galiffe, geb. etwa 1820, — der Sohn des Gründers kritischer und dokumentarer Geschichtsforschung Genfs, — einer der Meister vom Stuhle, jetzt Professor der Schweizer Geschichte an der dortigen Akademie, setzt seines Vaters „Genfer Genealogie", rühmlichst fort, davon schon 5 Bde. erschienen, schrieb das erschöpfende Werk „Besançon Hugues, der Befreier Genfs" 1860, und publizirte seither auch die Aktenstücke über die Grausamkeiten Kalvins, unter dem Titel „Pages d'histoire exacte" 1863, und „Neue Blätter" 1864. Nicht minder schrieb er ein erschöpfendes Werk über Freimaurerei.

Theodore Paul verwerthete seine Studien zur Biographie nach Dokumenten „Girolamo Savonarolo" 1859, und ist Herausgeber von „Alleluja. Sammlung der Kirchengesänge" 2 Bde., Paris 1860.

E. Plantamour, Direktor des Genfer Observatoriums, ließ seine „Astronomischen Beobachtungen" 1847, und seine „Thermometrischen und barometrischen Beobachtungen" 1850 erscheinen.

Diese Nachweise ließen sich denn noch butzendweise fortführen, um dem Auslande einen Begriff zu geben, wie noch heute in Genf die Wissenschaften ihre Pfleger und Vertreter reichlich haben, und überhaupt in der gesammten Schweiz in Genf das regste geistige Leben ist. Uebrigens diese flüchtige Skizze der bedeutendsten Namen wird genügen.

An fremden Schriftstellern leben in Genf jetzt nur wenige. Dora d'Istria (Helene Ghika) ließ wohl meist in Genf ediren, lebt aber im Waadtlande. Dort gleichfalls Edgar Quinet. An deutschen Autoren fanden sich zuletzt nur E. Peschier, der Sohn des bekannten Professors in Tübingen, doch aus Genf ursprünglich stammend, der, jetzt Pastor zu Lyon, 1860 in Vevey ein Bändchen deutscher Gedichte veröffentlichte. Dann der Hessenkasseler, Wilhelm Langmann, Korrespondent der Augsburger Allgemeinen und des Morgenblattes. Dr. Carl Vogt haust in Carouge. Moritz Hartmann, vermählt mit der Tochter eines deutschen Erziehungsinstitutsinhabers, lebt bei Genf auf dem Besitz seines Schwiegervaters.

Die bildende Kunst hat sich trotz des jahrhundertlangen Kalvinismus, und trotz der von ihm ausgegangenen Verpönung all und jeglicher Art von Kunstrichtung, schon durch Petitot, Liotard, Dassier und Constantin, freilich fern von Genf, in europäisch bedeutenden Repräsentanten des Miniatur, des Pastell, der Medaillirung und Porzellanmalerei entfaltet. Daneben sind noch Dutzende kleinerer Genfer Künstler vom 12. bis Ende des 18. Jahrhunderts zu zählen.

Jedoch auch in unserem Jahrhunderte sollte eine eigene Kunstrichtung von Genf ausgehen, das seitdem europäisch gesuchte „Genre Alpestre." Der Vorgänger dieser Richtung war A. Delarive, ein reicher Genfer, der Ende vor. Jahrhunderts in Rom Claude Lorrain studirte, und von dem noch zahlreiche große Ideallandschaften in den Familien seiner Landsleute zu sehen sind.

François Diday, geb. 1804, ist aber der eigentliche Vater dieser Alpenlandschaft, lebt noch sehr thätig in Genf, und seine großen und großartigen Tableaux finden sich in allen Schweizer Museen, auch viel bei den Mitgliedern russischer Kaiserfamilie. Er ist Ritter der Ehrenlegion, beim Volke sehr populär, aber nicht sehr wohlhabend.

Alexandre Calame dagegen — Diday's Schüler, — geb. 1817, gest. 1864 zu Mentone, armer Steinmetzsohn aus Lausanne, zuletzt Millionär, wurde durch seine brillanten, aber etwas harten Alpenlandschaften wirklich weltberühmt, wie kein zweiter Schweizer der Gegenwart. Seine großartigen Bilder sind so in Leipzig und Berlin wie in Paris London, Petersburg und Newyork; und seine lithografirten Naturstudien in Jedermanns Hand. Auch er war Ritter der Ehrenlegion.

F. Humbert gilt als der jetzt beste Thiermaler Genfs, steht aber weit hinter Koller in Zürich.

J. Lugardon wird als der nationale Historienmaler angesehen, doch seine „Letzten Momente Kalvins" wie „Der Gefangene von Chillon", oder sein „Tell" — alle vor 1845 entstanden — sind für nichtgenfer'sche Augen ein künstlicher Gräuel.

J. Hornung, ist auch nationaler Historienmaler, kaum anders als Lugardon, aber als Porträtist erträglich.

Alfred van Muyden, geb. etwa 1824 zu Lausanne, von holländischem Vater doch Schweizer Mutter, ein Schüler Kaulbachs in München, dann in Italien, hat sich eine eigene, auch außer Genf schon vielgesuchte Art geschaffen, italienische Genrebilder, in der Farbe schwach, aber reizend in Komposition und Zeichnung. Spricht sehr gut deutsch.

Alfred Dumont, geb. etwa 1828, Düsseldorfer Schüler, schafft gerngekaufte kleine Genrebilder; spricht gern deutsch.

J. Castan, geb. etwa 1830, der talentvollste unter den Schülern Calame's, viel auf Pariser Ausstellungen, artet jedoch schon etwas in Imitation von Corot und Boulanger aus.

Mde. Landesmann, geb. etwa 1834 zu Genf, Gattin des ungarischen Arztes Dr. Landesmann in Genf, Schwägerin des Wiener Schriftstellers Hieronymus Lorm, eine Schülerin J. G. Scheffers, ist sowohl im Pastell wie in Oel eine der besten Malerinnen unserer Zeit.

J. G. Scheffer, gebürtiger Genfer, gesuchter Portraitist und Professor.

A. Rubio, Italiener, doch schon langher in Genf ansässig, Genremaler und Portraitist.

Außerdem mögen noch 5—6 Dutzende von Malern in Genf wirken, die fortwährend die permanente Ausstellung versorgen, die aber über das Weichbild hinaus nicht bekannt sind.

Von Bildhauern wurden berühmt:

J. Prabier, in Paris verstorben, der Monumentalist der Julidynastie, von dessen süßlichen aber nicht uneblen Werken noch ganz Paris voll ist, und der auch das Rousseau-Monument nach Genf lieferte.

J. Chaponnière, zu jung verstorben, Prabiers rasch sich emanzipirender Schüler, von dem der schöne David mit der Schleuder auf der Promenade Genfs herrührt.

Auch die Medailleurkunst hatte am Leman ihre würdigen Nachfolger, namentlich:

A. Schenk, noch in Genf thätig; und

Antoine Bovy, geb. 1803, der jetzt wohl eleganteste Stempelschneider, dessen Medaillen Goethe's, Napoléon's I., Paganini's, Lißt's, Chopins, Dufour's in ganz Europa zirkuliren. Auch schnitt er die jetzigen Schweizer Frankenstücke.

Unter den Architekten Genfs ist der Merkwürdigkeit wegen zu nennen:

Anna Eynard, geborne Lullin, geb. etwa 1790, die Gattin, seit 1863 Wittwe des berühmten Griechenwohlthäters, jenes nach Genf übersiedelten Lyoner Millionärs, der den Hellenen bekanntlich 200 Millionen lieh. Diese Dame entwarf den Plan zu ihrem Palais — dem schönsten in Genf, — und leitete auch ganz allein den Bau. Ihr Portrait ist von Horace Vernet gemalt.

All diese Notizen sind übrigens meist blos flüchtig aus dem Gedächtnisse niedergeschrieben, machen daher keinen Anspruch auf historische Exaktheit in den einzelnen Daten, noch umschreiben sie alle bedeutenden Genfer der Jetztzeit. Es sollte nur approximativ eine Uebersicht gegeben werden, auf daß sich das Ausland fragen könne, welche andere gleich kleine Stadt Europa's wohl soviel geistige Kapazitäten aufzuweisen hat?

Daß Genf reiche öffentliche Bibliothek, Archiv, das schöne Musée Rath, das noch schönere, eben im Bau begriffene Musée der Skulpturen, permanente Kunstausstellung, drei Theater, Panorama des Montblanc, etwa 20 wissenschaftliche Vereine, das Genfer Nationalinstitut für Kunst- und Wissenschaft, etwa 50 literarische und politische Cercles, botanischen Garten, große Maurerloge u. s. w. besitzt, weiß man aus jedem Wegweiser.

Und welch ein Reichthum an Kunst, Bibliotheken, Mobiliar u. s. w. in den etwa 3000 Kampagnen des Genfer Kantons verborgen ist, ahnt nur — wer je in jene geheime, hochdistinguirte Gesellschaft eindrang; die sich aus der Elite der Schweiz und ganz Europa's rekrutirte.

Also Genf ist keineswegs das nächstbeste Städtchen, gleichgültig wer es annexirt, sondern eine der Juwelen in der Kulturkrone Europa's!